FICHES détachables

Objectif BAC T^{le} S

SVT

Enseignements obligatoire et de spécialité

Louis-Marie COUTELEAU
Professeur agrégé
de Sciences de la Vie et de la Terre

Hervé DESORMES
Professeur agrégé
de Sciences de la Vie et de la Terre

hachette ÉDUCATION
W0416595

Pour réviser efficacement !

Des fiches synthétiques et complètes

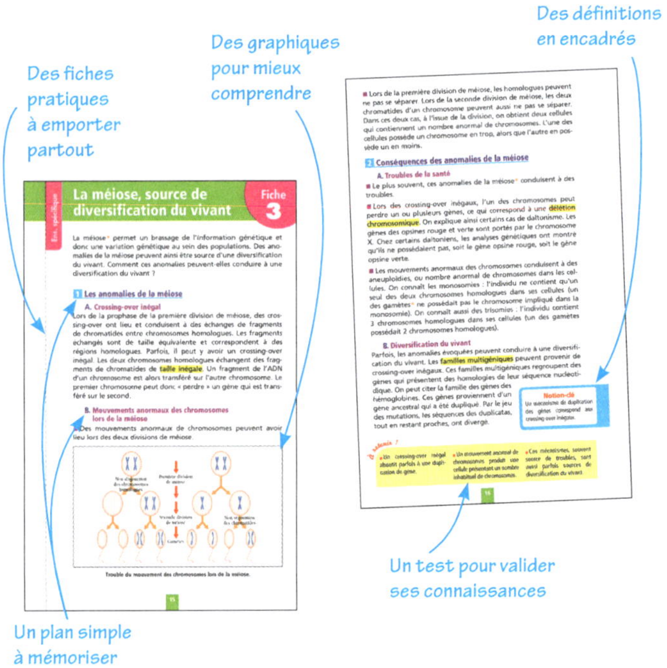

Conception graphique
Couverture : Stéphanie Benoit
Intérieur : Mélissa Chalot

www.hachette-education.com

Réalisation
Couverture : Stéphanie Benoit
Mise en pages : Médiamax
Schémas : Beata Gierasimczyk (Domino)

ISBN : 978-2-01-701378-5

Sommaire

Enseignement obligatoire

Génétique et évolution

Le domaine continental et sa dynamique

Sommaire

Géothermie et propriétés thermiques de la Terre

La plante domestiquée

Le maintien de l'intégrité de l'organisme : quelques aspects de la réaction immunitaire

Neurone et fibre musculaire : la communication nerveuse

Enseignement de spécialité

Énergie et cellule vivante

Atmosphère hydrosphère et climat

Glycémie et diabète

Conseils de travail

1 Pour vous, bientôt le bac…

■ Cela nécessite donc de votre part davantage d'**investissement**, de **responsabilité** et d'**autonomie**.

■ L'écoute et la participation en classe sont indispensables. Faites vôtre l'enseignement que vous recevez : **prenez des notes claires** et **lisibles** sans forcément restituer les phrases de l'enseignant dans leur intégralité. Soignez la forme dans vos copies : toutes vos explications seront d'autant plus convaincantes qu'elles auront été rédigées dans un **langage clair et précis**.

Être autonome, c'est **être responsable** : évitez donc l'absentéisme. Au lycée, fréquentez le CDI pour vos recherches personnelles ou pour vous avancer dans vos devoirs. Prenez-vous en main également pour trouver de l'information à l'extérieur du lycée (bibliothèque municipale, musée…).

■ Habituez-vous à un **rythme de travail régulier**. Évitez les nuits blanches à la veille d'une évaluation, il faut être en forme le jour J pour ne pas gâcher tout le travail qui a précédé.

■ Un minimum d'organisation matérielle vous aidera à bâtir un cadre de travail efficace et à gagner du temps. Classez vos cours régulièrement et selon un ordre constant. Établissez un planning de travail en notant les échéances importantes : la date des devoirs sur table, les travaux à rendre, les rendez-vous à prendre, etc. Organiser son temps est nécessaire en Terminale, car il y a des enseignements consommateurs de temps et un lourd programme d'enseignement sanctionné par des évaluations régulières. De plus, retravaillez vos cours (relecture, fiches synthétiques qui dégagent le plan, les idées essentielles et les définitions) le plus souvent possible pour ne pas laisser le travail s'accumuler.

2 Après la Terminale…

Informez-vous dès maintenant pour mieux préparer votre avenir. Vous allez devoir choisir en vous connectant notamment sur Admission Post-Bac, vos études supérieures. Cela nécessite une réflexion et une bonne connaissance des différentes voies envisageables en fonction de vos goûts et de vos résultats scolaires.

Descriptif de l'épreuve

L'épreuve de sciences de la Vie et de la Terre comporte deux temps : une épreuve écrite, comptant pour 16 points sur 20, et une épreuve pratique avec évaluation des compétences expérimentales, comptant pour 4 points sur 20. La totalité de l'épreuve est coefficient 6 pour les élèves ayant suivi l'enseignement spécifique et coefficient 8 pour ceux ayant suivi l'enseignement de spécialité.

1 L'épreuve écrite et pratique

L'épreuve écrite

■ L'épreuve écrite de SVT du baccalauréat général a pour objectif de valider la maîtrise des compétences acquises dans le cadre du programme de la classe de Terminale. L'épreuve écrite dure 3 h 30 et s'appuie sur la totalité du programme. Elle est constituée de deux parties, la seconde étant composée de deux exercices distincts.

■ La **première partie** permet d'évaluer la maîtrise des connaissances acquises. Le questionnement peut se présenter sous forme de question de synthèse et/ou de QCM. Il prend éventuellement appui sur un ou plusieurs documents. Cette partie est notée sur 8 points.

■ La **seconde partie** de l'épreuve écrite permet d'évaluer la pratique du raisonnement scientifique et de l'argumentation. Elle est subdivisée en deux exercices :
– le premier exercice permet d'évaluer la capacité du candidat à raisonner dans le cadre d'un problème scientifique, en s'appuyant sur l'exploitation d'un nombre réduit de documents. Le questionnement peut être formulé de façon ouverte ou sous forme de QCM. Ce premier exercice est noté sur 3 points ;
– le second exercice permet d'évaluer la capacité du candidat à pratiquer une démarche scientifique dans le cadre d'un problème scientifique à partir de l'exploitation d'un ensemble de documents et en mobilisant ses connaissances. Le questionnement amène le candidat à choisir et exposer sa démarche personnelle, à élaborer son argumentation et à proposer une conclusion. Ce second exercice est noté sur 5 points.

■ Pour les candidats qui n'ont suivi que l'enseignement spécifique, le second exercice de la seconde partie de l'épreuve peut porter ou non sur la même partie du programme que le premier exercice. Pour les candidats ayant choisi la spécialité sciences de la Vie et de la Terre, cet exercice porte sur l'un des thèmes du programme de spécialité.

L'épreuve orale

L'épreuve pratique d'une durée de 1h a lieu dans le courant du troisième trimestre dans le cadre habituel des salles de TP. Le jour de l'évaluation, vous aurez à tirer au sort une situation d'évaluation. Si vous avez choisi l'enseignement de spécialité, vous serez amené à réaliser une activité spécifique de l'enseignement de spécialité ou une activité appartenant à une partie du programme du tronc commun. L'examinateur dispose d'une grille d'observation qui sert de support à votre évaluation. Ne soyez donc pas déstabilisé, si l'examinateur vous regarde réaliser l'activité pratique. La note sur 20 points qu'il arrêtera sera ensuite divisée par 5 et arrondie au demi-point le plus proche.

2 L'épreuve de rattrapage

■ En cas de rattrapage, vous pourrez choisir l'épreuve orale de contrôle en SVT. Sa durée est de 20 minutes. Le temps de préparation est également de 20 minutes.

■ Vous aurez à tirer au sort un sujet comportant deux questions, portant sur deux domaines différents du programme de Terminale S, et vous devrez traiter les deux questions. Si vous avez choisi l'enseignement de spécialité, l'une des deux questions porte sur l'un des thèmes du programme de l'enseignement de spécialité.

■ Les sujets proposés comportent des documents classiques se trouvant dans votre cours ou dans votre manuel.

■ L'épreuve a lieu dans une salle comportant du matériel de SVT. Des questions peuvent vous être posées sur le matériel expérimental et son utilisation, sans que ces questions n'impliquent de manipulation.

La méiose : de l'état diploïde à l'état haploïde

Le programme de Première S a montré que la mitose* permet la stabilité du caryotype* et du génotype*. Ce n'est pas le cas de la méiose*. Comment la méiose modifie-t-elle le caryotype ?

1 Les étapes de la méiose

A. Méiose et répartition de l'ADN

■ Il est possible de suivre la quantité d'ADN dans des cellules qui subissent la méiose. Trois phases se succèdent. Une première phase où la quantité d'ADN est doublée : elle correspond à une période de réplication. Une deuxième phase où la quantité d'ADN est réduite de moitié : il s'agit de la première division cellulaire de méiose. Une dernière phase où la quantité d'ADN est de nouveau réduite de moitié : elle correspond à la seconde division cellulaire de méiose.

■ Il n'y a pas de réplication entre les deux divisions de méiose.

Mot-clé
Méiose : succession de deux divisions cellulaires précédées d'une réplication.

B. Méiose et répartition des chromosomes

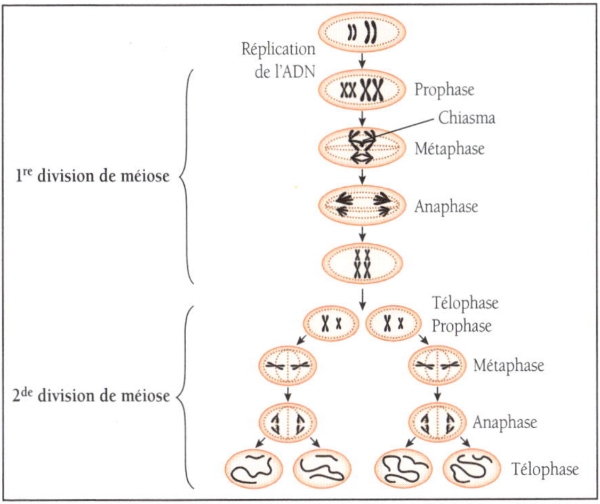

La répartition des chromosomes lors de la méiose.

Première division cellulaire de méiose

■ Lors de la prophase, le matériel chromosomique se condense, les chromosomes deviennent visibles, ils sont réunis par paires de chromosomes homologues. En fin de prophase de première division de méiose, les chromosomes de chaque paire sont liés de façon ponctuelle au niveau du chiasma.

– Lors de la métaphase : les paires de chromosomes se placent sur le plan équatorial de la cellule.

– Lors de l'anaphase : les deux chromosomes de chaque paire se séparent et migrent en sens opposé vers un des pôles de la cellule.

– Lors de la télophase : le matériel chromosomique se décondense partiellement, une première division de la cellule en deux, ou cytodiérèse, a lieu.

Seconde division cellulaire de méiose

■ La prophase, la métaphase et la télophase ne présentent pas de particularité par rapport à une mitose classique. Lors de l'anaphase, les chromatides de chaque chromosome se séparent et migrent en sens opposé vers un des pôles de la cellule.

■ À l'issue de la méiose, quatre cellules, en règle générale, des gamètes*, sont donc produites à partir d'une cellule initiale. Il existe malgré tout des exceptions à ce cadre général. Ainsi, dans le cadre de l'ovogenèse*, une des deux cellules produites dégénère à chaque division de méiose. On n'obtient alors qu'une seule cellule finale.

2 Méiose et modification de la ploïdie*

■ La ploïdie d'une cellule désigne le nombre de lots de chromosomes qu'elle contient. Une cellule peut être haploïde, elle ne contient qu'un seul lot de chromosomes, ou n chromosomes. Une cellule peut être diploïde, elle contient alors deux lots de chromosomes, ou $2n$ chromosomes.

■ Lors de l'anaphase de première division de méiose, les chromosomes homologues sont séparés l'un de l'autre. La cellule mère est diploïde alors que les deux cellules filles sont haploïdes.

■ Lors de l'anaphase de la seconde division de méiose, chaque chromosome dupliqué se clive en deux chromosomes monochromatidiens. À l'issue de cette division, les quatre cellules formées sont haploïdes.

■ La méiose permet le passage de l'état diploïde à l'état haploïde.

À retenir !

- La méiose est la succession de deux divisions cellulaires et est précédée, comme toute division, d'un doublement de la quantité d'ADN.
- Elle produit quatre cellules haploïdes à partir d'une cellule diploïde.

La méiose et le brassage de l'information génétique

Fiche 2

Lors de la méiose*, le caryotype* cellulaire est modifié : quatre cellules haploïdes sont formées à partir d'une cellule diploïde. Le génotype cellulaire est aussi modifié. Comment la méiose modifie-t-elle le génotype ?

1 Méiose et brassage intrachromosomique

Lors de la prophase de la première division de méiose, les chromosomes homologues de chaque paire s'apparient. Lors de l'appariement, les chromosomes peuvent échanger des fragments de chromatides. Ces échanges (crossing-over) conduisent à un brassage intrachromosomique de l'information génétique. En effet, à l'issue de la réplication précédant la méiose, chaque chromosome est constitué de deux chromatides identiques. À chaque locus*, les deux chromatides portent les mêmes allèles. En revanche, les chromosomes homologues ne portent pas obligatoirement les mêmes allèles, puisque, pour chaque paire d'homologues, l'un des chromosomes est d'origine maternelle et l'autre paternelle. Lors des crossing-over, entre homologues, il y a un brassage des allèles des gènes portés par les chromosomes, ou recombinaison. Aussi, à l'issue de la prophase de la première division de méiose, les chromosomes apparaissent comme une mosaïque d'allèles d'origine paternelle et d'origine maternelle.

Mot-clé
Brassage intrachromosomique : échange de chromatides entre deux chromosomes homologues.

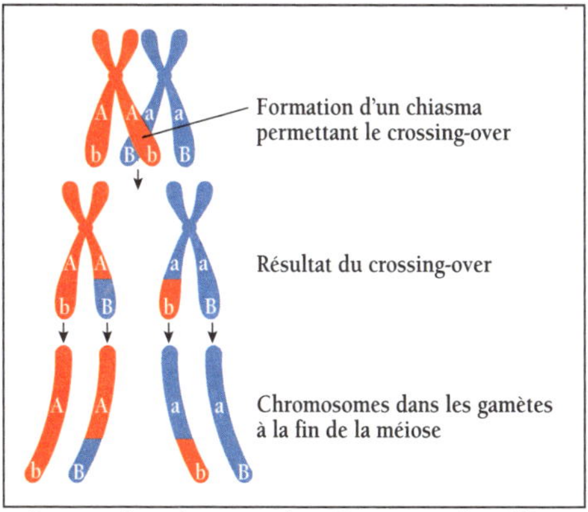

Brassage intrachromosomique (A et a sont des allèles d'un gène, et B et b sont des allèles d'un autre gène).

2 Méiose et brassage interchromosomique

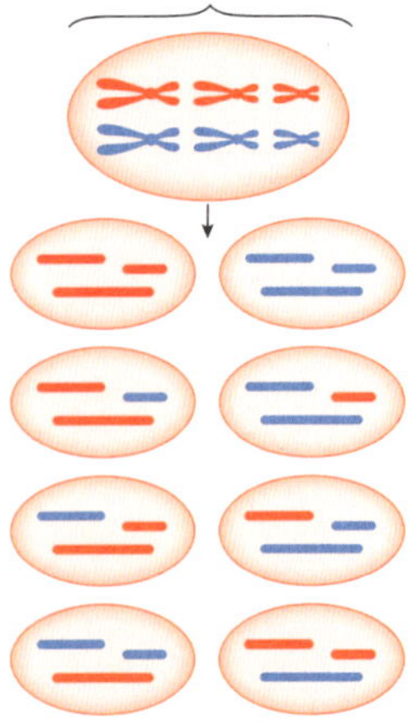

Le brassage interchromosomique a lieu lors de l'anaphase de la première division de méiose. Il est dû à la répartition des chromosomes d'origine paternelle et d'origine maternelle de chaque paire, de part et d'autre du plan équatorial, lors de la première métaphase de méiose. Cette répartition est aléatoire. Aussi, chaque gamète reçoit-il un lot particulier de chromosomes paternels et de chromosomes maternels. Il y a donc aussi brassage des allèles possédés par les chromosomes.

Mot-clé
Brassage interchromosomique : brassage entre les paires de chromosomes.

Brassage interchromosomique
(en bleu : chromosomes maternels ; en rouge : chromosomes paternels).

3 Statistiques et brassages

■ Si l'on considère les deux brassages, un individu peut produire une diversité de gamètes* potentiellement infinie. Des études statistiques des produits de méiose peuvent malgré tout être réalisées.

■ On considère deux gènes ayant chacun deux allèles : A et a pour l'un, et B et b pour l'autre. Si les deux gènes sont portés par des chromosomes différents, le brassage interchromosomique est à l'origine de quatre types de gamètes tous équiprobables : AB ; ab ; Ab et aB. Si les deux gènes sont portés par un même chromosome, la méiose conduit alors à deux types de gamètes : AB et ab. Si un crossing-over a lieu entre les deux gènes, deux nouveaux types de gamètes peuvent apparaître : Ab et aB. Ce sont des gamètes dits recombinants qui sont, en proportion, beaucoup moins fréquents que AB et ab.

À retenir !

■ Au cours de la méiose, des échanges de fragments de chromatides se produisent entre chromosomes homologues d'une même paire.

■ Les chromosomes ainsi remaniés subissent un brassage interchromosomique résultant de la migration aléatoire des chromosomes homologues lors de la première division de méiose.

Ens. obligatoire

La méiose, source de diversification du vivant

Fiche 3

La méiose* permet un brassage de l'information génétique et donc une variation génétique au sein des populations. Des anomalies de la méiose peuvent ainsi être source d'une diversification du vivant. Comment ces anomalies peuvent-elles conduire à une diversification du vivant ?

1 Les anomalies de la méiose

A. Crossing-over inégal

Lors de la prophase de la première division de méiose, des crossing-over ont lieu et conduisent à des échanges de fragments de chromatides entre chromosomes homologues. Les fragments échangés sont de taille équivalente et correspondent à des régions homologues. Parfois, il peut y avoir un crossing-over inégal. Les deux chromosomes homologues échangent des fragments de chromatides de taille inégale. Un fragment de l'ADN d'un chromosome est alors transféré sur l'autre chromosome. Le premier chromosome peut donc « perdre » un gène qui est transféré sur le second.

B. Mouvements anormaux des chromosomes lors de la méiose

■ Des mouvements anormaux de chromosomes peuvent avoir lieu lors des deux divisions de méiose.

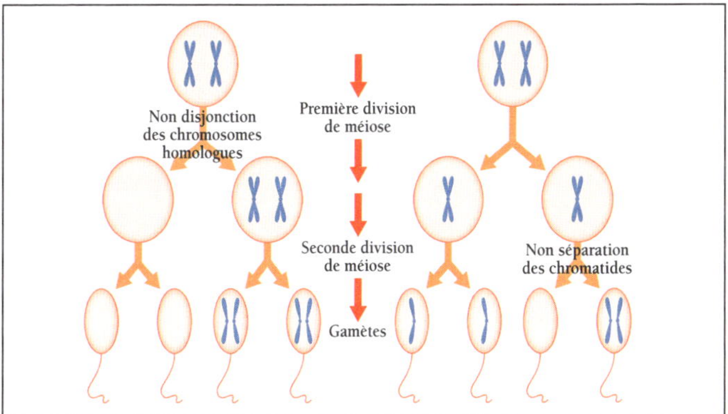

n-1=0 n+1=2

Trouble du mouvement des chromosomes lors de la méiose.

Trisomie, monosomie

■ Lors de la première division de méiose, les homologues peuvent ne pas se séparer. Lors de la seconde division de méiose, les deux chromatides d'un chromosome peuvent aussi ne pas se séparer. Dans ces deux cas, à l'issue de la division, on obtient deux cellules qui contiennent un nombre anormal de chromosomes. L'une des cellules possède un chromosome en trop, alors que l'autre en possède un en moins.

2 Conséquences des anomalies de la méiose

A. Troubles de la santé

■ Le plus souvent, ces anomalies de la méiose* conduisent à des troubles.

■ Lors des crossing-over inégaux, l'un des chromosomes peut perdre un ou plusieurs gènes, ce qui correspond à une délétion chromosomique. On explique ainsi certains cas de daltonisme. Les gènes des opsines rouge et verte sont portés par le chromosome X. Chez certains daltoniens, les analyses génétiques ont montré qu'ils ne possédaient pas, soit le gène opsine rouge, soit le gène opsine verte.

■ Les mouvements anormaux des chromosomes conduisent à des aneuploïdies, ou nombre anormal de chromosomes dans les cellules. On connaît les monosomies : l'individu ne contient qu'un seul des deux chromosomes homologues dans ses cellules (un des gamètes* ne possédait pas le chromosome impliqué dans la monosomie). On connaît aussi des trisomies : l'individu contient 3 chromosomes homologues dans ses cellules (un des gamètes possédait 2 chromosomes homologues).

B. Diversification du vivant

Parfois, les anomalies évoquées peuvent conduire à une diversification du vivant. Les familles multigéniques peuvent provenir de crossing-over inégaux. Ces familles multigéniques regroupent des gènes qui présentent des homologies de leur séquence nucléotidique. On peut citer la famille des gènes des hémoglobines. Ces gènes proviennent d'un gène ancestral qui a été dupliqué. Par le jeu des mutations, les séquences des duplicatas, tout en restant proches, ont divergé.

Notion-clé

Un mécanisme de duplication des gènes correspond aux crossing-over inégaux.

À retenir !

- Un crossing-over inégal aboutit parfois à une duplication de gène.
- Un mouvement anormal de chromosomes produit une cellule présentant un nombre inhabituel de chromosomes.
- Ces mécanismes, souvent source de troubles, sont aussi parfois sources de diversification du vivant.

La fécondation et la diversité génétique

■ Dans l'espèce humaine, comme dans de nombreuses autres, la méiose* est associée à la formation des gamètes*. La fécondation* qui peut avoir lieu influence le génotype. Comment la fécondation modifie-t-elle le génotype ?

1 Les étapes de la fécondation

■ Au cours de la formation des spermatozoïdes, la méiose se déroule de façon continue. Ce n'est pas le cas de la formation des gamètes femelles. En effet, les gamètes femelles commencent à se former pendant la vie embryonnaire et ébauchent la première division de méiose où ils restent bloqués : ce sont des ovocytes I. Au cours de l'ovulation, l'ovocyte I achève sa première division de méiose et ébauche la seconde, où il demeure bloqué formant un ovocyte II. Si la fécondation a lieu, la seconde division de méiose s'achève formant alors l'ovule. Au cours de chaque divison, un globule polaire est émis et dégénère.

■ La fécondation a lieu en plusieurs étapes :
– de nombreux spermatozoïdes entrent au contact de l'ovocyte II et se fixent à sa surface grâce à diverses molécules ;
– les spermatozoïdes déversent de nombreuses enzymes au contact de l'ovocyte ce qui permet de déstructurer son enveloppe protectrice. Un seul spermatozoïde peut féconder l'ovocyte. Une fusion des membranes des deux gamètes a lieu. Le noyau du spermatozoïde entre dans le cytoplasme de l'ovocyte qui achève sa seconde division de méiose. L'enveloppe protectrice est modifiée empêchant toute autre entrée de spermatozoïdes ;
– les deux noyaux, celui du spermatozoïde et celui de l'ovule, grossissent et se transforment en pronucléus. Les deux enveloppes nucléaires se dissocient, les chromosomes des deux pronucléi sont dupliqués, puis se combinent entre eux. Cette étape de « fusion » des deux pronucléi correspond à la fécondation au sens strict. La cellule-œuf, ou zygote*, est alors formée. La première division de mitose a lieu.

■ Une faible fraction des zygotes est viable.

Chiffre-clé
On estime que seuls 25 à 30 % des zygotes se développent et arrivent à terme.

2 Fécondation et information génétique

A. Rétablissement de l'état diploïde

Les gamètes* sont issus d'une cellule initiale qui est diploïde et qui subit la méiose* ; les gamètes sont donc haploïdes. La fécondation* réunissant un gamète mâle et un gamète femelle assure un « rétablissement » de la ploïdie au sein du zygote*.

B. Diversité génétique des zygotes

■ La diversité génétique des gamètes produits par un homme et une femme est immense du fait du double brassage génétique* de la méiose. La fécondation réunit au hasard deux des gamètes de ce couple. La diversité génétique potentielle des zygotes engendrés par un couple est donc très grande.

■ La diversité génétique des zygotes peut être étudiée à partir d'un échiquier de croisement. On porte le génome des gamètes étudiés dans les « entrées » de cet échiquier. À l'intersection des lignes et des colonnes, on complète le génome des zygotes potentiels. L'étude d'un tel tableau permet de montrer la diversité génétique des zygotes.

■ On considère deux gènes qui possèdent chacun deux allèles : A et a sont les allèles du premier gène, B et b sont ceux du second gène. a et b ne s'expriment que s'ils sont à l'état homozygote. On considère le croisement entre un individu hétérozygote pour les deux gènes et un homozygote pour les deux gènes. Les deux gènes ne sont pas portés par un même chromosome. Le fait de croiser un individu avec un individu homozygote récessif constitue un test cross qui permet d'identifier les allèles portés par le premier individu.

■ L'échiquier de croisement obtenu est donc le suivant :

	Gamètes individu 1			
Gamètes individu 2	<u>A</u> <u>B</u>	<u>a</u> <u>b</u>	<u>A</u> <u>b</u>	<u>a</u> <u>B</u>
<u>a</u> <u>b</u>	A B = = a b	a b = = a b	A b = = a b	a B = = a b

Échiquier de croisement.

À retenir !

■ Au cours de la fécondation, un gamète mâle et un gamète femelle s'unissent : leur fusion conduit à un zygote.

■ Seule une fraction de ces zygotes est viable et se développe.

■ Chaque zygote contient une combinaison unique et nouvelle d'allèles.

Diversification du vivant avec modification du génome

D'autres mécanismes, en plus des mutations et des brassages génétiques, participent à la diversification du vivant. Certains correspondent à une diversification génétique. Quels mécanismes de diversification génétique permettent une diversification du vivant ?

1 Hybridation, polyploïdisation* et diversification du vivant

■ Lorsque deux espèces sont interfécondes, elles forment un hybride*. L'hybridation correspond alors à la réunion dans un seul individu de deux génomes différents portés par des gamètes*. L'individu possède donc un génome différent de celui de ses deux parents. Il y a diversification génétique.

■ Lorsque l'hybridation est seule à se produire au moment de la formation de la cellule-œuf, les hybrides se développant sont stériles. En effet, lors de la méiose*, les chromosomes des deux génomes parentaux ne peuvent s'apparier, car il n'y a qu'une seule copie de chaque chromosome parental.

■ En revanche, si l'hybridation est suivie d'une polyploïdisation dans la cellule-œuf, les hybrides sont fertiles. Cette polyploïdisation correspond à une réplication non suivie d'une division cellulaire. Le stock de chromosomes est donc doublé dans la cellule-œuf et dans toutes les cellules de l'individu. Tous les chromosomes sont dans ce cas présents en double exemplaire. La méiose peut ainsi avoir lieu.

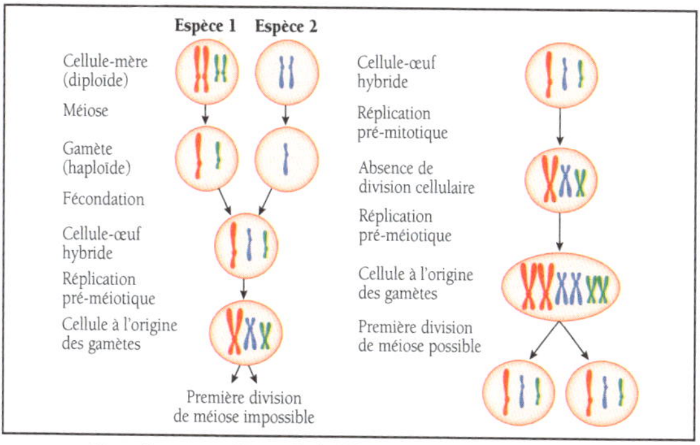

Conséquence d'une hybridation seule (à gauche) et d'une hybridation suivie d'une polyploïdisation (à droite).

2 Transfert par voie virale et diversification du vivant

Les virus contiennent tous une molécule porteuse d'information génétique : de l'ADN ou de l'ARN entouré de capsides de nature protéique. Pour se multiplier, ces virus doivent infecter des cellules hôtes. Ils transfèrent leur matériel génétique qui peut ainsi s'intégrer définitivement dans le génome de la cellule hôte. Les gènes viraux enrichissent alors le patrimoine génétique de l'hôte infecté. Cette caractéristique des virus est utilisée par les biologistes lors de la transgénèse qui leur permet d'insérer un gène d'intérêt dans une espèce.

3 Gènes du développement et diversification du vivant

■ Au cours du développement, les caractéristiques spécifiques* d'un individu se forment petit à petit sous le contrôle de gènes : les gènes du développement. Ainsi, les gènes homéotiques déterminent la mise en place du plan d'organisation de l'individu. Ces gènes sont ubiquitaires. L'analyse de la séquence de ces gènes révèle de grandes homologies : des parties sont largement conservées chez les différentes espèces.

■ L'ordre d'intervention de ces gènes est déterminant pour la mise en place du plan d'organisation d'une espèce.

■ Trois phases se succèdent lors de la formation du membre tétrapode chez les Vertébrés tétrapodes : mise en place de l'humérus (ou du fémur), mise en place des radius et cubitus (ou tibia et péroné) et enfin, mise en place des os de la main (ou os du pied). Chacune de ces phases est sous le contrôle de gènes du développement qui s'expriment successivement. Chez les poissons ostéichtyens, tous ces gènes sont présents, mais seuls ceux de la première et de la deuxième phases évoquées s'expriment dans l'ébauche de la nageoire.

Notion-clé

La chronologie et l'intensité de l'expression des gènes de développement conduisent à des organisations totalement différentes d'un membre.

■ Des formes vivantes très diverses peuvent donc résulter de variations dans la chronologie et l'intensité d'expression de gènes du développement communs, plus que d'une différence génétique.

À retenir !

■ L'hybridation suivie d'une polyploïdisation, le transfert génique par voie virale des variations dans la chronologie et l'intensité d'expression de gènes du développement peuvent être la source d'une diversification génétique du vivant.

Diversification du vivant sans modification du génome

Diverses modifications génétiques assurent une diversification du vivant. Comment le vivant peut-il être diversifié sans modification du génome ?

1 Le cas des symbioses

■ Une symbiose désigne la relation qui s'établit entre deux espèces : les symbiotes. Cette relation correspond à une association qui est durable, obligatoire et reproductible. Les deux symbiotes en tirent des bénéfices réciproques.

■ Les lichens sont un exemple de symbiose. Ils résultent d'une association entre une algue (le plus souvent) et un champignon.

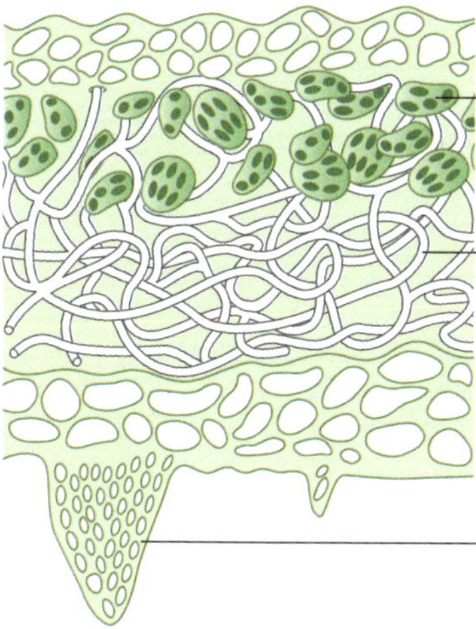

Coupe transversale dans le thalle d'un lichen.

■ Cette association est tellement étroite que les lichens portent des noms d'espèces différents de leurs propres symbiontes. Elle forme un thalle*, où les cellules de l'algue et du champignon sont associées. Cette association modifie fortement la morphologie des deux symbiotes.

■ Le champignon du lichen est le symbiote hétérotrophe*. Il fournit le support aux algues, les sels minéraux nécessaires, ainsi qu'une réserve d'humidité. L'algue est le symbiote autotrophe*. À partir de la photosynthèse, elle élabore des nutriments organiques qu'elle fournit au champignon.

2 Le cas de l'apprentissage

A. Le chant des oiseaux

■ Ce chant a diverses fonctions : séduction en période de reproduction, délimitation du territoire, repérage des congénères. Le chant est propre à chaque espèce. Son apprentissage est réalisé pendant la période juvénile. Chaque oisillon apprend le chant d'un instructeur plus âgé. Cet apprentissage se fait par imitation. Dans un premier temps, l'oisillon émet des petits cris, puis en écoutant son ou ses tuteurs, il va adopter le chant de l'espèce qu'il reproduit de plus en plus fidèlement. Certains tuteurs particulièrement doués peuvent faire apprendre un chant très élaboré.

■ Des études ont montré, par ailleurs, qu'au sein d'une même espèce, le chant peut présenter des variations selon les régions d'habitat des oiseaux. Ces variations sont transmises de génération en génération. La diversité du chant des oiseaux apparaît liée en partie à des facteurs non génétiques.

B. L'utilisation des outils

■ De nombreuses espèces animales, autres que l'espèce humaine, utilisent des outils. C'est le cas des Chimpanzés qui utilisent un large répertoire d'outils : brindille, pierre, branche, etc. Les études réalisées dans différents groupes de Chimpanzés montrent qu'ils utilisent des outils variés différents selon les groupes. L'utilisation de ces outils est liée à un environnement particulier.

■ L'étude de ces Primates a aussi montré que la fabrication et la manipulation des outils sont transmises par les adultes aux petits. Cet exemple met également en évidence une diversification du vivant sans que le génome ne soit impliqué.

À retenir !

■ Une diversification des êtres vivants est aussi possible sans modification des génomes. La symbiose en est un exemple.

■ Le développement de comportements nouveaux, transmis d'une génération à l'autre par voie non génétique, est aussi source de diversité.

Ens. obligatoire

La biodiversité et sa modification

Fiche 7

En Seconde, l'étude de la biodiversité a permis de montrer qu'elle se définit à différentes échelles : celle de l'écosystème, de l'espèce et de la génétique. La biodiversité est apparue comme produit et étape de l'évolution. Divers mécanismes la modifient. Comment la biodiversité peut-elle être modifiée ?

1 Les modifications de la biodiversité au cours du temps

Les données paléontologiques montrent que la biodiversité a sans cesse évolué. À des périodes de crise, où le nombre de familles* diminue fortement, font suite des périodes où la biodiversité augmente fortement. Ces variations à grande échelle sont aussi repérables à des échelles régionales. Tous les milieux ont vu leur biodiversité évoluer au cours des temps géologiques.

2 Les mécanismes de modification de la biodiversité

A. Les innovations génétiques

Ces innovations sont diverses : mutations ponctuelles ou de plus grandes ampleurs, duplications géniques, remaniements chromosomiques. Le plus souvent létales, elles peuvent toutefois être conservées chez les individus qui en sont atteints.

Notion-clé
En règle générale, les innovations génétiques modifient fortement le génotype.

B. La sélection naturelle

■ Elle s'exerce, via les facteurs de l'environnement, sur les individus porteurs ou non d'innovations génétiques. La sélection naturelle est particulièrement efficace lorsque les conditions du milieu changent. Les individus qui ne sont pas adaptés aux nouvelles conditions environnementales ne peuvent survivre ou tout au moins se reproduisent moins bien que d'autres. En conséquence, le patrimoine génétique de ces individus n'est pas transmis aux générations suivantes. En revanche, les individus qui, eux, sont adaptés, transmettent leur patrimoine génétique à leurs descendants. La sélection naturelle permet donc une modification de la biodiversité génétique et donc de la biodiversité au sens large.

■ Divers exemples peuvent être abordés. Prenons le cas du peuplement de la France il y a 18 000 ans et celui actuel.

Il y a 18 000 ans, le territoire correspondant à la France actuelle est en pleine période glaciaire. La température moyenne est inférieure de 4,5 °C à la température actuelle. On trouve une flore et une faune semblables à celles que l'on trouve aujourd'hui en Laponie : une flore de toundra*, sans arbres, et une faune variée, rennes, chevaux, bisons, mais aussi des espèces disparues comme le mammouth. Par la suite, le climat se réchauffe. Des espèces se trouvent inadaptées et disparaissent alors. Certaines migrent vers des régions plus septentrionales. Cependant, des espèces vivant dans des régions plus méridionales vont venir peupler à nouveau le territoire et se multiplier. C'est le cas de toutes les espèces arborescentes que l'on trouve dans les forêts françaises : chêne, hêtre, bouleau...

■ En période de crise biologique, les conditions du milieu changent sur l'ensemble de la Terre. Aussi, de nombreuses espèces peuvent alors disparaître.

C. La dérive génétique

■ Dans une population infinie, théoriquement, la fréquence des allèles des gènes demeure constante au fil des générations. En situation réelle, ce n'est pas le cas. Les populations représentent un groupe fini. Alors, la fréquence des allèles, et donc des génotypes, varie au cours des générations. Cette dérive génétique est indépendante du milieu et ne dépend que du nombre d'individus de la population. Elle conduit à une modification de la biodiversité génétique de génération en génération.

■ Pour conclure, on peut retenir que la sélection naturelle associée à la dérive génétique conduit à une modification de la diversité génétique des populations au cours du temps.

■ L'évolution apparaît comme la transformation des populations qui résulte des différences de survie des individus dans un milieu et donc du nombre de leurs descendants.

À retenir !

- Sous l'effet de la pression du milieu, de la concurrence entre êtres vivants et du hasard, la diversité des populations change au cours des générations.
- L'évolution est la transformation des populations qui résulte de ces différences de survie et du nombre de descendants.

Biodiversité et notion d'espèce

La biodiversité se définit à différentes échelles dont celle de l'espèce. Définir ce qu'est une espèce peut paraître facile. Or, ce concept a sans cesse évolué montrant que la tâche n'est pas aussi aisée que cela. Comment définir une espèce ?

1 Une première définition de la notion d'espèce

- La notion d'espèce s'intéresse aux êtres vivants. Le terme peut être défini différemment selon les disciplines concernées.
- Une première approche réside sur des critères phénotypiques et d'interfécondité. L'espèce désigne un ensemble d'individus qui présentent, en règle générale, des caractères phénotypiques proches et qui sont interféconds. De plus, leur descendance est également féconde. Cette définition est facilement acceptable pour le monde animal, mais elle devient beaucoup plus problématique pour le monde végétal. En effet, les croisements entre espèces sont plus fréquents parmi les végétaux. De plus, l'hybride* obtenu, contrairement à la définition préalable, peut être fécond, grâce à un mécanisme de polyploïdisation* *(voir fiche 5)*.

2 L'historique de la notion d'espèce

- La notion d'espèce a beaucoup évolué au cours du temps. Plusieurs étapes peuvent être repérées.
- Un des premiers à aborder le sujet est Platon, qui, au IVe siècle avant J.-C., reconnaît l'existence de « types permanents » dans le monde vivant.
- Le Moyen Âge accepte l'existence des individus, mais nie l'espèce, car elle correspond à une invention de l'Homme sans fondement biologique certain.
- J. Ray, botaniste anglais (1627-1705), définit l'espèce comme « une unité systématique qui réunit des individus vivants capables de se croiser entre eux et de donner naissance à une progéniture féconde ».
- C. von Linné (1707-1778) et G.-L. Buffon (1707-1788), tous deux naturalistes, utilisent des critères de ressemblances entre les individus pour définir l'espèce.

■ G. Cuvier (1769-1832), anatomiste, réalise la synthèse des deux idées en proposant : « une espèce peut être définie comme la collection de tous les corps organisés nés les uns des autres ou de parents communs et de ceux qui leur ressemblent autant qu'ils ne se ressemblent entre eux. »

■ Ch. Darwin (1802-1882), en s'appuyant sur les variations individuelles au sein de l'espèce, formule sa théorie de l'évolution des espèces.

■ Au milieu du xxe siècle, divers scientifiques, dont E. Mayr (1904-2005), font évoluer le concept en affirmant que l'espèce correspond à un groupe d'individus capables de se reproduire entre eux, mais qui sont, d'un point de vue reproductif, isolés d'autres groupes semblables. L'isolement peut être de différentes natures (géographique, comportementale...), mais il conduit toujours à un isolement génétique.

■ Ainsi, en plus de caractères phénotypiques et d'interfécondité, actuellement, la composante génétique est la plus importante. Une espèce peut alors être considérée comme une population d'individus suffisamment isolés génétiquement des autres populations.

Notion-clé
Cette définition, actuellement admise, correspond à un concept qui a mis du temps à être élaboré et qui est encore susceptible d'évoluer dans l'avenir.

3 Définition de l'espèce et spéciation

■ La spéciation* correspond au processus évolutif qui est à l'origine de la formation de nouvelles espèces.

■ Selon la définition de l'espèce, un groupe d'individus isolés génétiquement d'autres groupes correspond à une espèce. Cela est valable tant que dure l'isolement. En effet, l'espèce disparaît si le groupe en entier disparaît ou si ce groupe cesse d'être isolé génétiquement. À l'inverse, une espèce supplémentaire est définie si un nouvel ensemble s'individualise d'un point de vue génétique.

À retenir !

- Une espèce peut être considérée comme une population d'individus suffisamment isolés génétiquement des autres populations. Elle n'est définie que durant un laps de temps fini.
- Une espèce supplémentaire est définie si un nouvel ensemble s'individualise.

Les génotypes des différents primates

On accepte communément que l'Homme et le Chimpanzé sont les plus proches parents d'un point de vue évolutif. Cette affirmation se fonde sur des caractères anatomiques, mais plus encore sur des données génétiques.

1 Homme et Chimpanzé, une proximité génétique importante

■ L'étude de la séquence nucléotidique de différents gènes trouvés chez les Primates montre que c'est entre le Chimpanzé et l'Homme que les différences sont les plus faibles. Ces deux espèces sont donc proches parentes d'un point de vue évolutif. Des études récentes ont permis de séquencer l'ensemble du génome des deux espèces. Elles révèlent que l'Homme et le Chimpanzé sont proches à 99 %. Dans le 1 % de différence, on trouve différents gènes qui ont des rôles importants dans les différences macroscopiques Homme-Chimpanzé.

Notion-clé

Les différences entre l'Homme et le Chimpanzé ne représentent que 1 % de leur génome. En comparaison, deux génomes humains ne diffèrent que de 0,1 %.

■ Certaines séquences de nucléotides codent pour des ARN qui ne sont pas traduits en protéines. Ces ARN interagissent directement avec l'ADN en contrôlant l'expression d'autres gènes. Certaines de ces séquences sont propres à l'Homme. Le gène HAR1F s'exprime chez l'Homme entre la 9e et la 17e semaine de gestation, période où les neurones se forment et s'organisent en couches dans le cerveau. Cette expression permet un nombre de neurones plus important chez l'Homme que chez le Chimpanzé.

■ En plus des différences de séquences, il existe des différences de localisations chromosomiques des gènes et de chronologies de leur expression.

2 L'acquisition du phénotype humain

■ La comparaison des crânes embryonnaires du Chimpanzé et de l'Homme montre de grandes similitudes. Au cours du développement, le crâne du Chimpanzé met en place des caractères nouveaux (mâchoire prognathe, bourrelets sus-orbitaires, etc.), alors que celui de l'Homme croît, mais ne développe pas ces caractères.

Il y a donc une hétérochronie du développement humain par rapport à celui du Chimpanzé : les organes ne se développent pas à la même vitesse chez les deux espèces.

■ Par ailleurs, si l'on compare la durée des phases du développement des deux espèces, on constate que les phases sont plus longues chez les humains que chez les singes. Ce ralentissement a des conséquences sur le phénotype humain. C'est durant la phase embryonnaire que les neurones sont générés. L'allongement de cette phase permet de générer un nombre plus important de neurones chez l'Homme. Les phases infantile et juvénile sont des phases privilégiées pour l'apprentissage chez les deux espèces. Cet apprentissage permet un remodelage des réseaux neuroniques. En effet, à la naissance, le nombre de réseaux est bien plus important qu'à l'issue de l'apprentissage. Cependant, les études ont montré que les réseaux non sollicités étaient éliminés. Ainsi, l'allongement des phases d'apprentissage, combiné au nombre de neurones plus important, permet des capacités intellectuelles plus développées chez l'Homme que chez les Chimpanzés.

■ Les capacités intellectuelles des humains dépendent donc de leur génome (expression de certains gènes comme le gène HAR1F), mais aussi des relations aux autres (apprentissage durant les phases infantile et juvénile).

■ Le phénotype humain, comme celui des grands singes proches, s'acquiert donc au cours du développement pré et postnatal sous l'effet de l'interaction entre l'expression de l'information génétique et l'environnement (dont la relation avec les autres individus).

À retenir !

- L'Homme et le Chimpanzé sont très proches génétiquement. Ils se distinguent surtout par la position et la chronologie d'expression de certains gènes.
- Le phénotype humain, comme celui des grands singes proches, s'acquiert au cours du développement sous l'effet de l'interaction entre le génotype et l'environnement.

La phylogénie des primates

L'Homme fait partie des Primates dont l'histoire évolutive peut être retracée. Quelle est l'histoire évolutive des Primates ?

1 Les premiers Primates

- Les Primates sont des mammifères qui ont des caractères communs : leurs membres sont terminés par cinq doigts munis d'ongles et non de griffes. Leur pouce est opposable, la main devient préhensile. Leurs yeux sont frontaux.
- Dans ce groupe, on trouve tous les singes (Tarsiers et grands Singes), mais aussi les Lémuriens.
- Le plus vieil ancêtre des Primates date de – 55 Ma : il s'agit d'*Altiatlasius*. Ce fossile a été découvert au Maroc. Seules ses dents ont été retrouvées et les caractéristiques de celles-ci permettent de classer ce fossile dans le groupe des Primates. L'animal ne devait peser que 120 g. Cette date permet aux scientifiques d'extrapoler les plus anciens Primates à – 65 Ma.
- La découverte d'autres fossiles encore plus récents montrent des caractéristiques variées propres à ces fossiles. Ils ne sont ni identiques à l'Homme actuel, ni aux autres Singes actuels.
- L'étude des fossiles révèle que la diversité des grands Primates (grands Singes et Homme) a été plus importante au cours de temps qu'elle ne l'est actuellement. À ce jour, cette diversité se réduit à 6 espèces (Gibbons, Orang-outang, Gorilles, Chimpanzés, Bonobos et Homme). L'analyse des caractères des fossiles et des espèces actuelles permet de construire un arbre phylogénétique des grands Primates. Dans cet arbre, les espèces présentant des

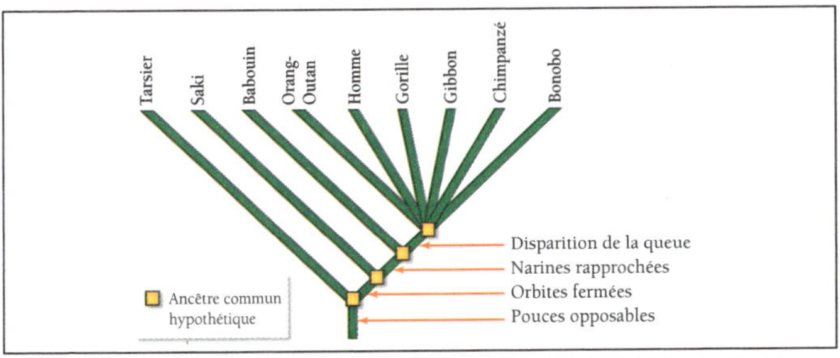

Arbre phylogénétique de quelques Primates (d'après le logiciel Phylogène®).

attributs communs sont enracinées sur un même nœud correspondant à un ancêtre commun hypothétique dont les caractères sont trouvés « sous » le nœud.

2 Les caractères de l'ancêtre commun de l'Homme et du Chimpanzé

■ L'Homme et le Chimpanzé sont proches d'un point de vue évolutif. Leur ancêtre commun est récent. Selon les estimations, on le situe vers – 7 Ma. Cependant, cette date fait débat chez les spécialistes.

■ La comparaison de l'Homme avec le Chimpanzé permet d'identifier quelques caractères que devait présenter cet ancêtre, puisque les caractères communs des deux espèces sont hérités de cet ancêtre :
– il devait être un bipède occasionnel ; le Chimpanzé est un bipède occasionnel alors que l'Homme est un bipède permanent ;
– il savait utiliser des outils ; il devait pouvoir transmettre une culture (utilisation d'outils, par exemple) et donc apprendre ; les Chimpanzés utilisent des outils et transmettent cet usage à leur petit (voir fiche 6), c'est aussi le cas de l'Homme ;
– il devait présenter une conscience du soi ; les Chimpanzés se reconnaissent devant un miroir ;
– il devait pouvoir montrer du doigt… ;
– il vivait en groupe ; actuellement, Homme et Chimpanzés vivent en société dont les règles sont complexes.

■ La comparaison des Chimpanzés avec les plus anciens représentants de la lignée humaine, qui regroupe toutes les espèces « humaines », permet de préciser des caractères morphologiques de cet ancêtre :
– il devait avoir un volume crânien de 300 à 400 cm^3 ;
– il devait mesurer 1 mètre pour une masse de 30 à 40 kg.

Notion-clé
La description de cet ancêtre demeure toutefois globalement imprécise. Il est donc encore impossible de considérer tel ou tel fossile comme un ancêtre commun de l'Homme et du Chimpanzé.

À retenir !

■ Le genre *Homo* regroupe l'Homme actuel et quelques fossiles qui se caractérisent notamment par une face réduite, un dimorphisme sexuel peu marqué sur le squelette, un style de bipédie avec trou occipital avancé et aptitude à la course à pied, une mandibule parabolique, etc.

■ Production d'outils complexes et variété des pratiques culturelles sont associées au genre *Homo*, mais de façon non exclusive.

La phylogénie du genre *Homo*

Plusieurs espèces peuvent appartenir au même genre. C'est le cas de toutes les espèces humaines. Quelle est l'histoire évolutive du genre ***Homo*** ?

1 Les caractères du genre *Homo*

■ La lignée humaine regroupe deux genres : le genre *Australopithèque* et le genre *Homo*. Les deux genres sont bipèdes, mais les espèces du genre *Homo* présentent des caractéristiques propres :
– le prognathisme, c'est-à-dire l'avancée en avant des mâchoires, est limité. De ce fait, la face est réduite ;
– les espèces du genre *Australopithèque* présentent un fort dimorphisme sexuel. En effet, les mâles présentent au sommet du crâne une crête qui permet l'insertion de muscles masticateurs puissants. Ce dimorphisme sexuel est peu présent dans les espèces du genre *Homo* ;
– le trou occipital qui marque le point d'insertion de la colonne vertébrale au niveau du crâne est avancé, la tête repose sur la colonne. Les espèces du genre *Homo* sont bipèdes permanentes ;
– les pieds ne présentent pas de pouce opposable ; les fémurs sont articulés sur le bassin de façon oblique par rapport à l'axe du corps. Ces deux caractéristiques permettent une course à pied plus aisée ;
– la mandibule (mâchoire inférieure) des espèces est parabolique, alors que dans les espèces de Primates n'appartenant pas au genre *Homo*, cette mandibule est de forme rectangulaire ;
– toutes les espèces utilisent des outils complexes, elles développent des pratiques culturelles élaborées, mais cette situation n'est pas exclusive au genre *Homo* ;
– toutes les espèces présentent un volume cérébral supérieur à 400-450 cm^3.

2 La diversité des espèces *Homo*

■ Au cours du temps, diverses espèces ont cohabité sur Terre. Actuellement, le genre *Homo* n'est plus représenté que par une espèce : *Homo sapiens*.

Espèces	Période de vie (Ma)	Taille (m)	Volume cérébral (cm^3)	Traces de l'activité
H. habilis	2,5-1,5	1,0-1,5	600	Outils taillés simples
H. ergaster	1,9-1,25	1,9	700-850	Outils taillés simples
H. erectus	2-0,3	1,8	900-1100	Outils taillés, feu
H. heidelbergensis	0,6-0,25	1,8	1100-1400	Outils taillés, feu
H. neanderthalensis	0,23-0,03	1,6	1200-1700	Outils divers, feu, sépultures
H. sapiens	0,25-présent	1,4-1,9	1000-1850	Outils divers, feu, sépultures, peintures murales…
H. floresiensis	0,10-0,012	1,0	400	Outils divers, feu, sépultures, peintures murales…

Quelques espèces d'*Homo*.

■ Il existe d'autres fossiles du genre Humain. Les espèces présentées ici, sont celles où le nombre de fossiles est significatif pour identifier quelques caractéristiques. Les paléontologistes travaillent à reconstruire l'histoire évolutive ou phylogénie des espèces du genre *Homo*. Les lignes générales en sont admises, mais controversées dans le détail. Le document ci-dessous présente seulement les grandes lignes de la phylogénie humaine.

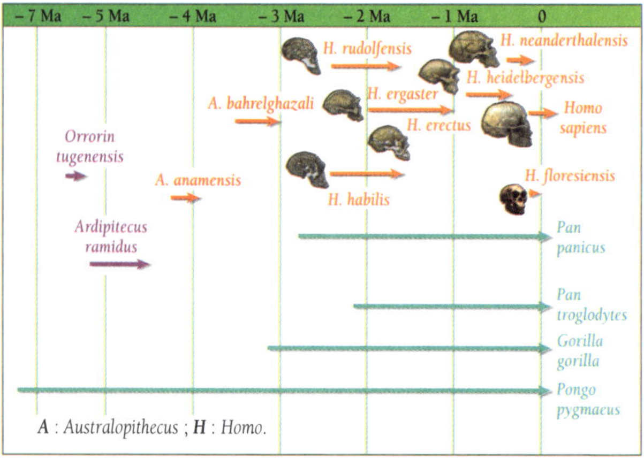

Une phylogénie probable de l'humain.

À retenir !

- La diversité des grands primates connue par les fossiles, qui a été grande, est aujourd'hui réduite.
- La construction précise de l'arbre phylogénétique du genre *Homo* est controversée dans le détail.

Ens. obligatoire

Les surfaces d'échanges des végétaux

Fiche 12

Les végétaux ont un mode de vie fixée. Pour assurer leur développement, ils doivent échanger de la matière avec leur environnement. Comment les surfaces foliaires et racinaires des végétaux permettent-elles les échanges avec le milieu ?

1 L'organisation d'une plante

Les végétaux sont divers, mais si l'on considère les végétaux supérieurs (angiospermes et gymnospermes), ils présentent une organisation commune. Tous possèdent une partie souterraine et une partie aérienne. La partie souterraine correspond à l'appareil racinaire. La partie aérienne est plus complexe. Elle est constituée d'une ou plusieurs tige(s) portant des feuilles reliées à celle-ci par un pétiole. Ces feuilles s'insèrent au niveau des nœuds, elles peuvent être découpées en plusieurs folioles. Au sommet de la tige, on trouve un bourgeon terminal et à la base des pétioles, des bourgeons axillaires. Ces bourgeons peuvent former de nouvelles tiges ou bien des fleurs lors de la période de reproduction.

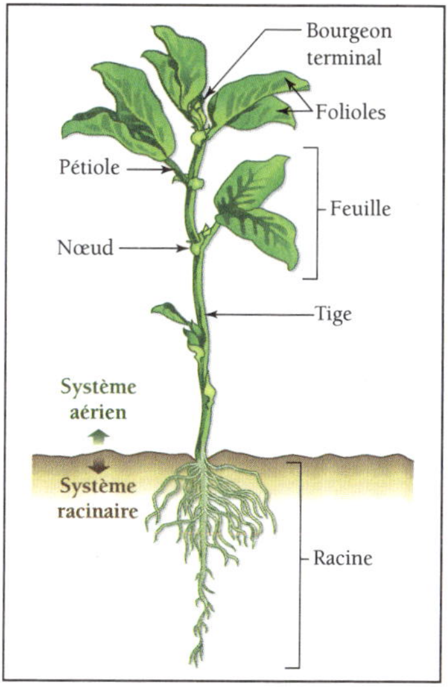

Organisation d'une plante.

2 Des surfaces d'échanges

A. La surface foliaire

■ Le rôle majeur des feuilles est d'assurer la photosynthèse. À partir de matière minérale (eau et dioxyde de carbone) en présence de lumière, elles élaborent des glucides nécessaires à la vie du végétal, mais aussi du dioxygène. Elles assurent donc des échanges avec le milieu : échanges gazeux (O_2 et CO_2) et capture de la lumière.

■ Les échanges gazeux se font grâce aux stomates dispersés dans l'épiderme de la face inférieure des feuilles. Ces stomates sont constitués de deux cellules qui délimitent un orifice, l'ostiole, par lequel le CO_2 peut entrer dans la feuille et l'O_2 en sortir. Ils ont la capacité de se fermer selon les besoins du végétal.

■ La capture de la lumière est réalisée par des cellules qui se trouvent à l'intérieur de la feuille dans un tissu appelé parenchyme. Chez de nombreux végétaux, les cellules qui capturent la lumière sont situées sur la face supérieure des feuilles ; elles possèdent une paroi fine. Ces cellules sont riches en chloroplastes, organites assurant la photosynthèse.

■ Il est possible de mesurer la surface foliaire d'une plante. Un plant de maïs de 980 g a une surface foliaire moyenne de 0,77 m^2. Cela représente 0,8 m^2 par kg de plant. Cette surface apparaît donc importante, ce qui est une caractéristique fondamentale pour une surface d'échanges.

Chiffres-clés

Pour comparaison, la surface pulmonaire chez un homme de 70 kg est estimée à 130 m^2, ce qui représente 1,8 m^2 de poumon par kg de masse corporelle.

B. La surface racinaire

■ Les racines ont deux fonctions. L'une est d'assurer l'ancrage et le maintien de la plante dans le sol. L'autre assure le prélèvement de l'eau et des sels minéraux dans ce sol. Les racines sont donc des surfaces d'échanges. Si l'on observe un appareil racinaire, il apparaît en croissance permanente dans le sol. Les échanges se font au niveau d'une zone particulière, la zone pilifère. Cette zone, située à l'extrémité de chaque racine, est constituée de nombreux poils absorbants. Ces poils augmentent fortement la surface de contact entre racine et sol, et facilitent donc les prélèvements en eau et en ions.

■ L'estimation de la surface de l'appareil racinaire est également réalisable. Les calculs montrent qu'elle est toujours supérieure de plus de 15 % à la surface foliaire. La surface racinaire est donc, elle aussi, d'une taille importante.

■ Les deux surfaces, racinaire et foliaire, du fait de leur importance, permettent ainsi des échanges avec le milieu.

À retenir !

- Les caractéristiques de la plante sont en rapport avec la vie fixée à l'interface sol/air dans un milieu variable au cours du temps.
- La plante développe des surfaces d'échanges de grande dimension avec l'atmosphère et avec le sol.

Circulations de matières dans la plante

Dans une plante, il y a une nécessaire communication entre l'appareil racinaire et la partie aérienne de la plante. Comment la matière est-elle transportée dans la plante ?

1 Des systèmes conducteurs dans la plante

■ Des coupes peuvent être réalisées dans une tige ou une racine. On y distingue des structures cellulaires continues dans le sens

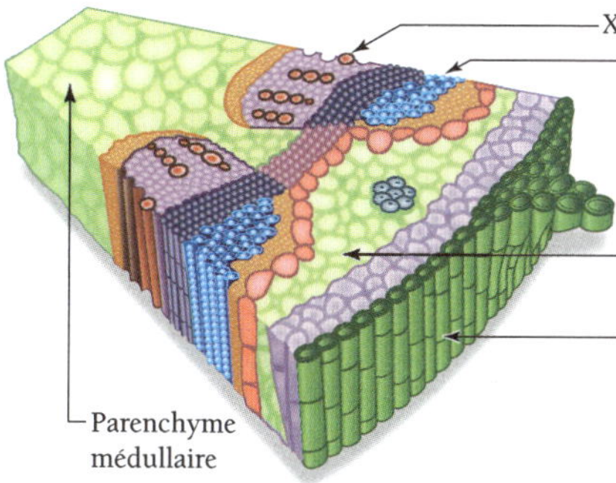

Portion d'une coupe tridimensionnelle dans une tige.

de la longueur de l'organe. Ces structures correspondent à des systèmes conducteurs. Elles sont de deux types : le xylème et le phloème.

■ Le xylème est constitué de vaisseaux de diamètres variés. Ces vaisseaux sont formés par l'empilement de cellules mortes dont les parois transversales ont été éliminées. Leur paroi est riche en un constituant lipidique, la lignine. Le xylème assure le transport de la sève brute.

■ Le phloème est constitué de tubes criblés de diamètre plus constant. Ces tubes sont formés par l'empilement de cellules vivantes. Le phloème assure le transport de la sève élaborée.

■ Ces systèmes conducteurs sont continus depuis les racines jusqu'aux extrémités de la partie aérienne. Ces deux systèmes assurent donc une continuité entre les différentes parties de la plante.

2 La circulation des sèves

A. La sève brute et la sève élaborée

Comme évoquées plus haut, il existe deux sortes de sèves qui diffèrent par leur composition et leur trajet. La sève brute est une solution très diluée de sels minéraux. Elle est formée au niveau des racines, puis transportée vers les organes photosynthétiques par le xylème. La sève élaborée est une solution plus concentrée : elle contient des éléments minéraux, mais surtout de la matière organique en forte concentration. Chez de nombreuses plantes, la matière organique de la sève élaborée est essentiellement constituée de glucides, principalement le saccharose qui peut atteindre des concentrations de 300 $g.L^{-1}$, et d'acides aminés. La sève élaborée est transportée par le phloème depuis les organes photosynthétiques vers les organes non photosynthétiques, comme les organes de réserves.

Point-clé
La circulation de la sève brute est en général rapide.

B. La circulation de la sève brute

Le transport de la sève brute depuis l'appareil racinaire vers le haut de la plante est assuré principalement grâce à la transpiration foliaire. Au niveau des feuilles, l'eau est vaporisée et s'échappe principalement par les stomates. Cela crée un appel qui aspire la sève du bas vers le haut.

C. La circulation de la sève élaborée

Le transport de la sève élaborée est assuré par un autre mécanisme. Au niveau des feuilles, du saccharose quitte les cellules chlorophylliennes et passe dans les tubes criblés du phloème. Cette entrée de saccharose engendre un gradient de concentration entre la sève élaborée et les tissus environnants. Ce gradient entraîne alors l'entrée d'eau dans le phloème. Cette entrée d'eau pousse la sève vers les organes où ses constituants pourront être utilisés.

Point-clé
En règle générale, la circulation de la sève élaborée est plus lente que celle de la sève brute.

À retenir !

- Des systèmes conducteurs permettent les circulations de matières dans la plante, notamment entre systèmes aérien et souterrain.

Structures et mécanismes de défense des végétaux

Le mode de vie fixée des végétaux empêche tout déplacement qui leur permettrait de fuir devant le danger. Comment les végétaux peuvent-ils se défendre des agressions ?

1 Résistance face aux agressions du milieu

■ Si on réalise une coupe dans une feuille, on trouve différents tissus connus : xylème, phloème, parenchyme chlorophyllien et épiderme. On constate que l'épiderme est doublé en périphérie d'une structure épaisse, la cuticule.

■ L'analyse chimique de cette cuticule révèle qu'elle est composée d'un mélange de cutine et de cires. Ces substances sont des composés lipidiques hydrophobes. De ce fait, cette cuticule est fortement imperméable à l'eau : elle permet aux végétaux de résister à diverses agressions du milieu, comme le lessivage des eaux de pluie.

■ Lorsque la température s'élève, la transpiration foliaire augmente aussi. Si les apports en eau ne sont pas suffisants, le végétal peut se retrouver en déficit d'eau. La présence de la cuticule limite cette transpiration. De plus, lors des périodes chaudes de la journée, les stomates se ferment, limitant ainsi fortement les pertes en eau du végétal.

■ La cuticule permet également aux végétaux de résister aux attaques des parasites. En effet, la plupart ne peuvent franchir cette cuticule.

■ D'autres structures permettent de résister aux agressions du milieu. Certains végétaux, comme les cactées, limitent les pertes hydriques grâce à des feuilles totalement modifiées, en forme d'aiguilles. La surface foliaire se trouvant réduite, la transpiration est limitée. Chez les cactées, la tige assure deux fonctions : organe photosynthétique et organe de réserve en eau.

2 Résistances contre les prédateurs

■ Dans le monde végétal, on voit diverses réponses qui limitent l'action des phytophages.

■ Il existe des défenses dites passives : les plantes possèdent des épines ou bien des poils urticants qui limitent la prédation. Il existe aussi des défenses actives : les plantes élaborent des composés chimiques qui altèrent les qualités gustatives du végétal ; ce sont par exemple les tanins. Elles peuvent aussi élaborer des substances toxiques pour les prédateurs. Les toxines sont diverses et ont des effets divers sur le prédateur, certaines peuvent conduire à la mort.

Notion-clé
L'objectif de ces divers mécanismes est de dissuader un éventuel prédateur.

3 Résistances aux variations saisonnières

■ Les végétaux ont développé des moyens de résistance face aux températures basses.

■ Les températures trop froides provoquent le gel de l'eau. Ce qui est néfaste pour les cellules dont le cytoplasme est principalement constitué d'eau. En effet, les cristaux de glace qui se forment sont destructeurs de la structure cellulaire. Pour limiter les effets du gel deux stratégies sont adoptées :

– Les végétaux forment des organes ayant un faible pourcentage d'eau : certains végétaux meurent avant la fin de l'automne. Au préalable, ils ont formé des graines*, éléments fortement déshydratés, qui assurent le passage de l'hiver. Une hydratation de ces graines permet leur germination et la formation d'une nouvelle plante.

D'autres végétaux perdurent pendant l'hiver. Ils perdent leurs feuilles en automne. Ils ont formé des bourgeons contenant une tige en miniature. En périphérie, des écailles desséchées protègent des effets du gel.

– Les végétaux abaissent le point de congélation de leurs cellules. Certains végétaux conservent leurs feuilles pendant l'hiver. Pour assurer la survie de ces feuilles, ils élaborent des solutés, comme certains alcools ou glucides, en plus grande quantité dans leurs cellules. En conséquence, le point de congélation de l'eau est abaissé. La glace ne se forme pas.

À retenir !

■ Les Angiospermes possèdent des structures et des mécanismes de défense, contre les agressions du milieu, les prédateurs et les variations saisonnières.

La fleur permet le rapprochement des gamètes

Le mode de vie fixée des végétaux empêche tout rapprochement des partenaires sexuels. Comment le rapprochement des gamètes* est-il assuré chez les végétaux ?

1 L'organisation structurale des fleurs

■ Les fleurs présentent une organisation concentrique commune. On dénombre quatre verticilles, ou cercles, qui portent des pièces florales différentes. En périphérie, on trouve un premier verticille qui porte des sépales ; en allant vers le centre, on observe un deuxième verticille qui porte les pétales, puis un autre portant les étamines* et enfin, le dernier est occupé par les carpelles, le plus souvent soudés en un pistil*. À partir de cette observation, on peut réaliser un diagramme floral où on schématise sur quatre cercles concentriques les différentes pièces, leur position relative, ainsi que leur nombre.

■ Les étamines forment des pollens* porteurs des gamètes* mâles et dans le pistil, au sein des carpelles, se situent les ovules, gamètes femelles. L'organisation est commune à l'ensemble des fleurs, mais le nombre de pièces florales et leur position est variable selon les espèces.

2 Une organisation de la fleur sous contrôle génétique

■ L'étude de la floraison montre une mise en place progressive des différentes pièces dans le bourgeon floral. La formation se fait de la périphérie vers le centre, depuis les sépales vers les carpelles. Cette formation des différentes pièces est contrôlée par différents gènes.

■ Cette mise en place est construite selon un modèle dit ABC. Il fait intervenir un ensemble de gènes nommés MAD box qui forment une famille multigénique.

■ Ce modèle a été particulièrement bien étudié chez *Arabidopsis thaliana* grâce à l'étude de plants porteurs de mutations. Les plants du groupe A présentent des gènes A mutés (apetala2), ils n'expriment ni les sépales, ni les pétales. Les plants du groupe B présentent des gènes B mutés (pistillata et apetala3), ils n'expriment pas les pétales, ni les étamines. Les plants du groupe C présentent des gènes C mutés (agamous), ils ne présentent ni les étamines, ni les carpelles. Ces plants ont permis de comprendre que les gènes A s'expriment dans les deux premiers verticilles,

les gènes B dans le 2e et le 3e verticille et les gènes C dans les deux derniers verticilles. Les gènes A exprimés seuls induisent la formation de sépales. Les gènes A et B associés induisent la formation de pétales. Les gènes B et C associés induisent la formation d'étamines. Les gènes C seuls induisent la formation de carpelles.

Notion-clé

Les gènes ne sont pas tous les mêmes dans les différentes espèces, mais le modèle ABC est souvent identifié.

3 La pollinisation et le rapprochement des gamètes

■ La pollinisation* désigne le rapprochement du pollen* du pistil*. Dans les carpelles, on trouve les ovules. Les grains de pollen sont formés au niveau des étamines*. Ils forment les gamètes* mâles qui peuvent féconder les ovules. Les fleurs, en produisant les gamètes grâce à différentes pièces qui la constituent, permettent la reproduction sexuée de plantes fixes.

■ Divers modes de pollinisation existent. Certaines plantes sont autogames : la fécondation* des ovules d'une fleur est réalisée par son propre pollen. La majorité des plantes est allogame : la fécondation des ovules d'une fleur est réalisée grâce au pollen produit par une autre. Le transport est assuré par différents moyens : le vent, l'eau, les animaux. Parmi les animaux, ce sont les insectes qui sont les acteurs les plus fréquents de la pollinisation. Les fleurs produisent au niveau des fleurs un nectar que les insectes viennent prélever. Le butinage de fleur en fleur conduit l'insecte à transporter le pollen de fleur en fleur. Les insectes pollinisateurs sont souvent des insectes porteurs de poils, où le pollen peut s'accrocher.

■ La collaboration entre insecte et fleur est le fruit* d'une coévolution. Certaines orchidées ne produisent pas de nectar, mais leurs fleurs élaborent une substance, une phéromone, normalement sécrétée par les femelles d'une espèce d'abeille solitaire. De plus, un des pétales imite l'abdomen des femelles abeilles. Les mâles sont attirés par les phéromones et tentent de s'accoupler avec le faux abdomen. Lors de ce pseudo-accouplement, les étamines viennent au contact de la tête de l'animal et déposent du pollen. Lorsqu'il se déplace sur une autre fleur, le mâle assure la pollinisation.

À retenir !

- L'organisation florale, contrôlée par des gènes de développement, et le fonctionnement de la fleur permettent le rapprochement des gamètes entre plantes fixées.
- La pollinisation de nombreuses plantes repose sur une collaboration animal pollinisateur / plante, produit d'une coévolution.

Ens. obligatoire

La dispersion des graines

Fiche 16

La reproduction sexuée chez les plantes conduit à la formation de graines* qui sont dispersées alors que les plantes qui les forment sont fixées. Comment la dispersion des graines est-elle assurée ?

1 La formation des graines

Lorsque les grains de pollens* se fixent sur le pistil*, ils germent. Un tube pollinique entre dans le pistil en direction des ovules. Deux gamètes* mâles cheminent dans ce tube. Une double fécondation* a lieu : la fécondation de l'ovule qui formera l'embryon de plante et la fécondation de deux noyaux qui vont former l'albumen, tissu qui accumule les réserves nécessaires à la formation de l'embryon. L'embryon se développe ensuite : c'est une plante en miniature dont les deux premières feuilles correspondent à des cotylédons, tissus de réserve, utiles à la germination. L'ensemble est entouré de différentes enveloppes et forme la graine. Cette description est générale. Chez certaines plantes, les tissus de réserves sont surtout les cotylédons, alors que chez d'autres, c'est l'albumen.

Notion-clé

L'embryon est une plante miniature.

■ Après pollinisation*, la fleur fane. Les sépales, les pétales et les étamines* dépérissent, alors que le pistil et les carpelles qu'il contient se transforment en fruit* autour des graines. Certaines plantes ne dispersent que les graines, mais le plus souvent, c'est le fruit en entier qui est dispersé.

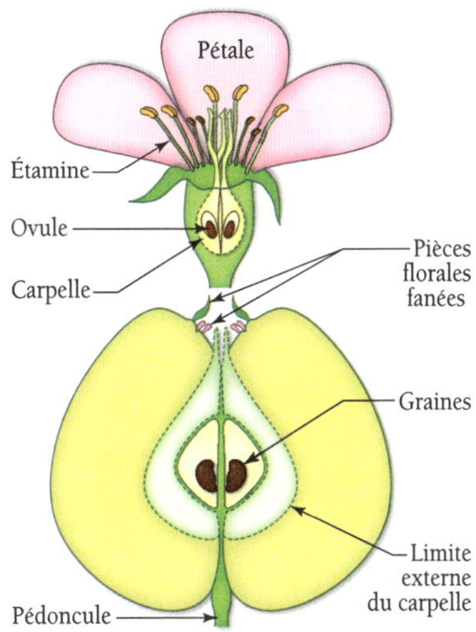

Transformation de la fleur de pommier en pomme après pollinisation.

2 La dispersion des fruits permet la dispersion des graines

■ Lorsque la graine* germe, elle donne naissance à une nouvelle plante qui se développe à partir de la plantule contenue dans cette graine. La dispersion des graines est donc nécessaire à la survie et à la dissémination de la descendance.

■ Cette dispersion peut se faire par différents « moyens » de transport : la plante elle-même, le vent, l'eau et les animaux. Dans ce dernier cas, comme pour la pollinisation* *(voir fiche 15)*, il y a coévolution entre végétaux et animaux.

■ Certains végétaux forment des fruits* secs pourvus de crochets qui s'accrochent au pelage des mammifères ou au plumage des oiseaux. Les déplacements de ces animaux assurent la dispersion passive des fruits. Lors du nettoyage du pelage ou du plumage, les fruits sont décrochés et tombent au sol. La germination des graines assurent la formation de nouveaux plants. La carotte sauvage, la bardane assurent la dispersion de leurs graines ainsi.

■ D'autres forment des fruits charnus et colorés dans des teintes rouges. Ces teintes attirent des oiseaux, par exemple. Ils consomment le fruit pour la partie charnue qui leur sert de nourriture. Lors du transit dans le tube digestif de l'animal, les graines peuvent être préservées, puis elles sont rejetées dans les excréments de l'animal. Ce mode de dispersion concerne de nombreux arbres et arbustes fruitiers comme le cerisier, le framboisier, etc.

■ Certains forment des fruits secs qui sont accumulés par des rongeurs comme l'écureuil. Diverses caches sont utilisées pour accumuler les fruits en automne. Au printemps, les graines, en germant, vont donner de nouveaux plants. Le noisetier, le chêne produisent de tels fruits.

■ Certains végétaux produisent des fruits associés à un appendice pigmenté charnu : l'éléosome. Cette partie attire les fourmis par sa couleur et sa richesse nutritive. Les insectes ramènent à leur nid le fruit pour n'en consommer que l'éléosome. Les graines peuvent alors germer. Le nombre d'espèces qui assure une dispersion de leur graine par les fourmis est très important. On estime que près d'un tiers des espèces végétales des régions tempérées sont concernées. On peut citer la violette, le ricin…

À retenir !

- À l'issue de la fécondation, la fleur se transforme en fruits contenant des graines.
- La dispersion des graines est nécessaire à la survie et à la dispersion de la descendance. Elle repose souvent sur une collaboration animal disséminateur / plante produit d'une coévolution.

L'épaisseur de la croûte continentale

La surface de la lithosphère n'est pas plane : elle comporte des reliefs montagneux, des plaines et des bassins sédimentaires. La croûte continentale correspond, en grande partie, aux régions émergées formant les continents. L'examen de données géologiques permet d'expliquer cette situation. Comment expliquer la dualité continent-océan ?

1 Le principe d'Archimède appliqué à la Terre : l'isostasie*

■ À la surface du globe, la pesanteur est quasiment la même quel que soit l'endroit où on la mesure. Pour rendre compte d'une gravité constante à la surface du globe, il faut admettre une structure en couches concentriques de la Terre. Si les masses sont réparties au sein de la planète d'une manière qui ne dépend que de la profondeur, alors l'attraction qu'elles exercent sur un corps situé à la surface sera partout la même. Cela implique que la pression imposée en un point situé à l'intérieur de la Terre par les terrains sus-jacents soit constante à profondeur constante.

■ En revanche, en surface, de par la présence de reliefs, la pression n'est pas nécessairement la même à profondeur égale. Si l'on se place, par exemple, à 20 km sous un continent d'altitude zéro, la pression est de 2,8 kbar (20 km de croûte continentale ayant une densité de 2,8) ; à la même profondeur, dans un endroit où la profondeur de l'océan est de 5 km, la pression n'est plus que de 2,4 kbar (effets de la charge cumulée de 5 km d'eau et de 15 km de croûte océanique ayant une densité de 2,9). Entre ces deux points situés à la même profondeur, la rigidité de la lithosphère interdit tout mouvement pour que les pressions s'égalisent. Il faut donc que les différences dans la répartition superficielle des masses soient compensées d'une manière ou d'une autre : cela implique qu'un déficit de masse en surface soit comblé en profondeur, et que, inversement, un excès superficiel soit corrigé par un déficit en profondeur. C'est le principe de l'isostasie, selon lequel il existe dans ou sous la lithosphère une surface de compensation où les pressions s'égalisent.

■ Par rapport à un continent d'altitude zéro, dont la croûte est épaisse de 30 km, les régions montagneuses sont des zones où la croûte est épaissie. On parle de racine crustale.

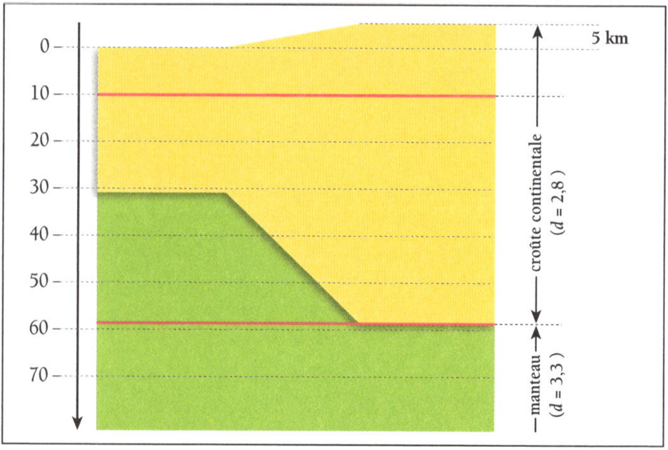

Épaisseur de la croûte continentale sous une chaîne de montagnes haute de 5 km.

2 Les différences d'altitude moyenne entre les continents et les océans

Notion-clé
L'isostasie est une application du principe d'Archimède.

■ La croûte « flotte » sur le manteau plus dense, la « poussée » du manteau sur les terrains crustaux étant comparable à la poussée de l'eau sur un corps flottant. Ce phénomène d'isostasie explique la présence des continents et des océans. Pour émerger, une croûte en équilibre isostatique doit être épaisse d'au moins 30 km. Au contraire, la croûte océanique étant mince (5 à 10 km), le manteau, plus dense, se trouve alors rapproché de la surface, ce qui implique une compensation isostatique superficielle par la tranche d'eau océanique.

■ La courbe de répartition bimodale des altitudes et des profondeurs à la surface de la Terre est une conséquence de cette dualité, aboutissant à la création de deux sortes de croûte bien différentes par leurs épaisseurs et leurs natures. L'eau allant vers les creux topographiques, il n'y a d'océan que là où la croûte est mince.

À retenir !

- La lithosphère est en équilibre sur l'asthénosphère.
- Les différences d'altitude moyenne entre les continents et les océans s'expliquent par des différences crustales.

Ens. obligatoire

La croûte continentale

Fiche 18

La lithosphère est en équilibre sur l'asthénosphère. Les différences d'altitude moyenne entre les continents et les océans s'expliquent par des différences crustales : il existe une croûte continentale et une croûte océanique de natures et d'épaisseurs très différentes. Quelles sont les caractéristiques de la croûte continentale ?

1 Les caractéristiques physiques de la croûte continentale

■ La structure de la croûte continentale est connue grâce aux échantillons prélevés en surface, et grâce aux forages et aux études géophysiques, notamment la sismique-réflexion. Les roches appartenant à la croûte supérieure sont mieux connues que les autres, parce qu'elles sont plus accessibles.

■ Les études sismiques ont montré que la croûte était, au niveau des zones continentales stables, faite de deux ensembles superposés, une croûte supérieure rigide et une croûte inférieure ductile*.

■ La croûte continentale supérieure, épaisse d'une quinzaine de kilomètres, est constituée de roches très diversifiées. Il en résulte une densité moyenne relativement faible (2,7) et des vitesses sismiques qui varient entre 4 et 6 $km.s^{-1}$.

■ La croûte continentale inférieure, épaisse d'une quinzaine de kilomètres, est d'accès plus difficile, et, par conséquent, moins bien connue. Elle est constituée en partie des mêmes roches que la croûte supérieure, mais qui ont connu un métamorphisme* beaucoup plus intense en raison des fortes températures et pressions qui règnent au-delà de 15 km de profondeur. De ces fusions partielles et de ce métamorphisme fort résultent une densité élevée (2,9) et une vitesse sismique relativement grande (entre 6,5 et 7,5 $km.s^{-1}$).

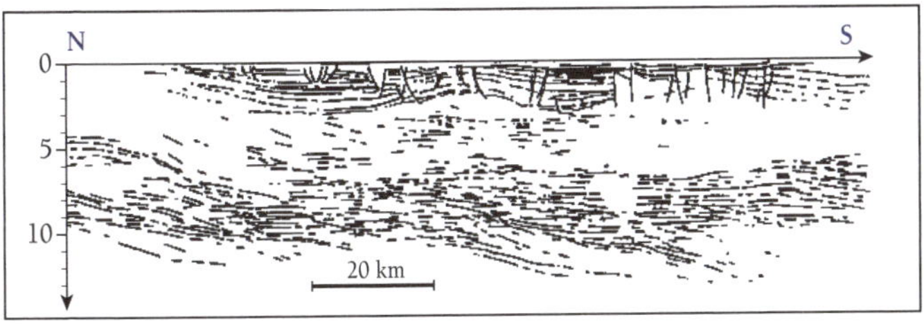

Profil de sismique réflexion d'une croûte continentale en Manche occidentale.

■ La croûte continentale est donc principalement formée de roches voisines du granite, d'une épaisseur plus grande et d'une densité plus faible que la croûte océanique. Elle joue le rôle d'un flotteur pour la lithosphère, de sorte que son enfoncement dans l'asthénosphère est très difficile, sinon impossible. La lithosphère continentale s'accumule en surface au fur et à mesure de sa formation.

2 Les roches constituant la croûte continentale

■ La croûte continentale est constituée de roches sédimentaires, métamorphisées ou non, de roches volcaniques épanchées en surface et de roches magmatiques cristallisées à des dizaines de kilomètres de profondeur, le plus souvent sous la forme de granites.

■ Les roches sédimentaires sont les roches les plus représentées à la surface de la croûte terrestre (75 % de la surface sont recouverts par des roches sédimentaires). Elles sont formées à la surface de la Terre par sédimentation* de particules d'origines diverses. Elles ne représentent qu'un placage de 2 à 3 km à comparer aux 30 km d'épaisseur sous-jacente.

■ L'observation microscopique d'une lame mince de granite permet d'observer sa structure grenue : c'est-à-dire que la roche est entièrement cristallisée. Cette structure est acquise par un refroidissement lent du magma* qui cristallise à quelques kilomètres de profondeur. Un granite est une roche riche en silice. Les minéraux formant ce type de roche sont essentiellement des feldspaths et du quartz. D'autres minéraux, dits accessoires, sont souvent présents : c'est le cas des micas. Il dérive de la solidification d'un magma, matériau fluide à haute température (1 200 °C).

■ Les roches métamorphiques ont pour origine la transformation à l'état solide d'une roche préexistante du fait de l'élévation de température et/ou de pression. Ce sont des roches très déformées et présentant des minéraux orientés en feuillets. L'orientation des minéraux traduit les contraintes subies par ces roches.

■ Les roches plutoniques et les roches métamorphiques affleurent essentiellement dans le Massif armoricain et le Massif central, les Alpes et les Pyrénées. Les roches volcaniques constituent un simple placage à la surface des continents.

■ La composition chimique globale de la croûte continentale est proche de celle du granite.

À retenir !

- La croûte continentale, principalement formée de roches voisines du granite, est d'une épaisseur plus grande et d'une densité plus faible que la croûte océanique.

Ens. obligatoire

La détermination de l'âge de la croûte

Fiche 19

Pour obtenir l'âge d'une roche, d'un minéral ou d'un fossile, on utilise une méthode s'appuyant sur la décroissance radioactive d'isotopes de certains éléments chimiques présents dans les minéraux qui les constituent. Comment à l'aide de radio-isotopes peut-on déterminer l'âge d'une roche ?

1 Le principe de l'utilisation des radio-isotopes

■ Un élément radioactif, qualifié d'élément père (P), est constitué d'un atome instable. Il se désintègre spontanément, donnant naissance à un autre élément, l'élément fils (F) qualifié de radiogénique, et à une particule « riche en énergie ». Les physiciens ont défini la période (T) comme le temps nécessaire à la désintégration de la moitié des éléments radioactifs présents. Ils ont aussi démontré que la vitesse de désintégration (λ) était constante pour un radio-isotope donné. Connaissant cette valeur, l'âge d'un échantillon géologique peut être calculé grâce à la mesure du nombre d'atomes pères restant et d'atomes fils.

■ Si N est le nombre d'éléments radioactifs au temps t et N_0 le nombre d'éléments radioactifs à $t = 0$, on a : $\frac{dN}{N} = dt$

■ On peut intégrer cette équation, cela donne : $N = N_0 e^{-\lambda t}$

(N_0 est le nombre d'éléments père au temps $t = 0$) et : $t = \frac{1}{\lambda} \ln\left(1 + \frac{N_0}{N}\right)$

N_0 n'est pas connu, mais on peut connaître le nombre d'éléments fils $N_f = N_0 - N$. En remplaçant dans l'équation précédente, on obtient finalement :

$$t = \frac{1}{\lambda} \ln\left(1 + \frac{N_f}{N}\right)$$

■ Cet âge correspond en fait au temps t écoulé depuis la fermeture du système, c'est-à-dire depuis l'arrêt des échanges entre l'échantillon et le milieu, fixant les valeurs initiales du nombre d'éléments père et fils.

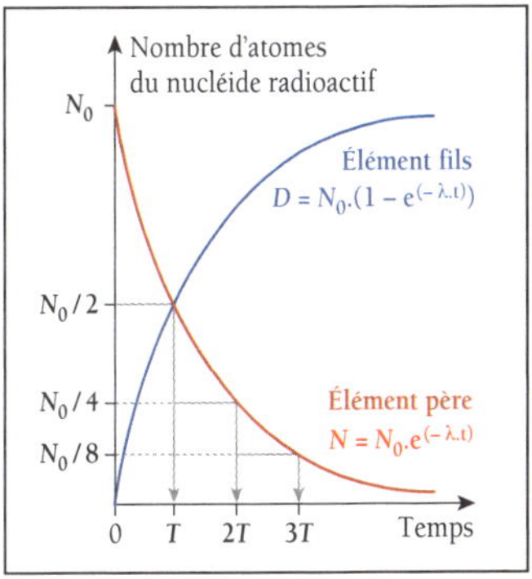

Décroissance radioactive d'un radio-isotope.

■ Le géologue doit choisir un isotope radioactif bien représenté dans l'objet à dater, et dont la période est adaptée à son âge présumé.

2 Cas général où la quantité initiale d'isotopes est inconnue

■ Le couple rubidium^{87}/strontium^{87} est fréquemment employé pour dater des roches magmatiques ou métamorphiques. Les quantités initiales d'éléments père ou fils ne peuvent être déterminées. Pour résoudre ce problème, le géologue analyse plusieurs échantillons d'une même roche.

■ La quantité de ^{87} Sr est mesurée dans chaque échantillon. Cette quantité est égale à :

$$^{87}Sr_{total} = {^{87}Sr_0} + {^{87}Rb_t}\,(e^{\lambda t} - 1)$$

D'où : $$\frac{^{87}Sr_{total}}{^{86}Sr} = \frac{^{87}Rb_t}{^{86}Sr}\,(e^{\lambda t} - 1) + \frac{^{87}Sr_0}{^{86}Sr}$$

Notion-clé

Le spectrographe de masse qui permet la mesure ne peut donner que des rapports entre deux isotopes.

■ Dans cette relation, t et la quantité initiale de strontium (Sr_0) sont inconnus. Cependant, cette relation est de la forme $y = ax + b$, équation d'une droite. Ceci signifie qu'en réalisant le graphe de $^{87}Sr_{total}$ / ^{86}Sr en fonction de $^{87}Rb_t$ / ^{86}Sr (il faut au moins trois échantillons de la même roche), la pente de la droite obtenue sera égale à : pente = $\Delta y/\Delta x = e^{\lambda t} - 1$, d'où $t = \ln(\text{pente}+1)/\lambda$.

■ Cette droite est qualifiée de droite isochrone, car elle permet de connaître l'âge absolu de la roche.

■ On a déterminé les rapports $^{87}Sr/^{86}Sr$ et $^{87}Rb/^{86}Sr$ dans sept minéraux provenant d'un même granite. L'âge du granite est ln $(0{,}0043 + 1)/\ 1{,}42 \times 10^{-11}$, soit environ 304 Ma.

■ Grâce à cette méthode, les âges de la croûte océanique et continentale ont pu être déterminés. L'âge de la croûte océanique n'excède pas 200 Ma, alors que la croûte continentale est âgée par endroits de plus de 4 Ga.

à retenir !

■ L'âge de la croûte océanique n'excède pas 200 Ma, alors que la croûte continentale date par endroit de plus de 4 Ga. Cet âge est déterminé par radiochronologie.

Les traces d'un domaine océanique dans les chaînes de montagnes

Les géologues sont capables de retrouver les traces d'un domaine océanique dans certaines chaînes de montagnes. Quels sont les indices qui leur permettent d'en arriver à cette conclusion ?

1 Les ophiolites

■ Dans les Alpes, et dans d'autres chaînes de montagnes, on observe à l'affleurement la présence d'ophiolites*, associations de roches caractéristiques :
- sédiments indiquant un milieu marin ouvert et profond ;
- basaltes en coussins qui traduisent un épanchement de lave en milieu aquatique ;
- gabbros qui signent un refroidissement en profondeur d'un magma basaltique ;
- serpentinites qui correspondent aux roches métamorphisées du manteau (péridotites).

■ Les ophiolites représentent les restes d'une ancienne croûte océanique.

2 Les traces d'une ancienne marge passive*

■ On observe dans certaines zones des chaînes de montagnes des failles* normales recoupant des blocs basculés constitués de granite. C'est une série sédimentaire très particulière : elle débute par une sédimentation* parallèle aux blocs basculés, puis dans les creux des blocs, on observe une sédimentation importante et enfin au sommet, la sédimentation recouvre les failles.

■ Les failles normales sont caractéristiques de contraintes tectoniques en distension. Elles sont des marqueurs de la fracturation de la lithosphère continentale, qui, en s'étirant, s'est fracturée et a donné naissance aux marges passives du futur océan. La sédimentation pré-rift est donc parallèle aux blocs. Durant le basculement des blocs, la sédimentation syn-rift s'est mise en place. Lorsque la marge est définitivement installée, une sédimentation post-rift se met en place recouvrant le tout.

Notion-clé
Cette sédimentation très caractéristique signe la présence d'une ancienne marge passive.

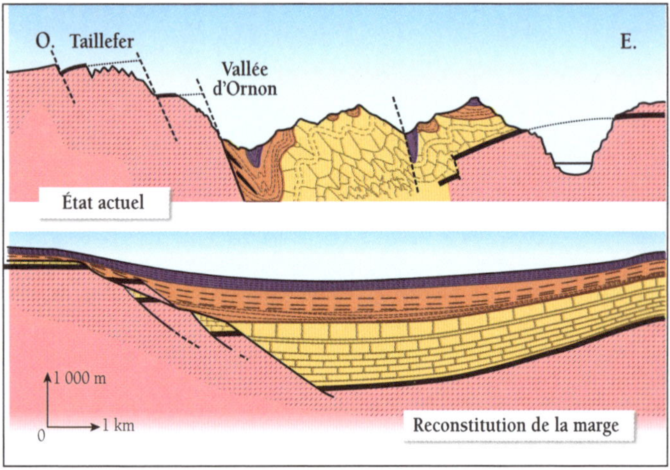

Comparaison de la structure d'une marge passive. La partie orientale de la vallée de Bourg-d'Oisans, massif des Écrins (entre les pentes du Taillefer et celles des Grandes Rousses).

3 Les témoins d'une subduction anté-collision

Des fragments de croûte océanique observés dans les chaînes de collision ont subi un métamorphisme* caractéristique des zones de subduction*, c'est-à-dire une transformation minéralogique due à une forte augmentation de pression et à une faible augmentation de température, selon un gradient géothermique* moyen, d'environ 10 °C.km^{-1}. Les basaltes et les gabbros donnent, selon les profondeurs atteintes, des schistes bleus ou des éclogites. Des minéraux issus de très hautes pressions ont aussi été retrouvés dévoilant un enfoncement de roches océaniques à plus de 100 km de profondeur, puis un retour à la surface. Ces indices témoignent de la disparition d'une lithosphère océanique dans une zone de subduction. Seuls des petits fragments ont été préservés et sont maintenant observés à l'affleurement.

À retenir !

- Les chaînes de montagnes présentent souvent les traces d'un domaine océanique disparu (ophiolites) et d'anciennes marges continentales passives.
- La « suture » de matériaux océaniques résulte de l'affrontement de deux lithosphères continentales (collision).

L'origine de l'épaississement de la croûte continentale

Au relief positif qu'est la chaîne de montagnes, répond, en profondeur, une importante racine crustale. Quelles sont les causes de l'épaississement la croûte continentale ?

1 Des indices tectoniques

■ Les plis* observés dans les chaînes de collision sont kilométriques, mais de telles déformations peuvent être observées également à l'échelle de l'échantillon, voire de la lame mince. On rencontre des plis couchés ou des plis coffrés, présentant des flancs verticaux et des charnières plates. Des failles* inverses affectent fréquemment les flancs.

Notion-clé
Les plis et failles témoignent d'un raccourcissement et d'un épaississement des roches sédimentaires couvrant la croûte continentale.

■ On observe également des chevauchements ou des nappes de charriage* déplaçant les formations sédimentaires sur des distances de plusieurs dizaines de kilomètres engendrant des contacts anormaux qui délimitent les nappes ou les fronts de chevauchement. Le front pennique, chevauchement majeur, est nettement observable dans le paysage à divers endroits des Alpes.

■ Les divers objets analysés dans ce qui précède révèlent l'existence d'un raccourcissement engendrant un épaississement. Ils constituent des arguments en faveur d'une convergence lithosphérique compressive. Les zones ainsi déformées sont réparties sur une surface importante.

■ La réflexion sismique montre qu'à l'aplomb des grands massifs, le Moho est à plus de 50 km de profondeur (contre 30 à 35 km habituellement sous un continent). La croûte continentale est donc épaissie par les reliefs en surface et par une racine crustale en profondeur. En effet, les chevauchements et charriages présents en surface sont aussi présents en profondeur sous la forme d'un empilement d'écailles de croûte continentale.

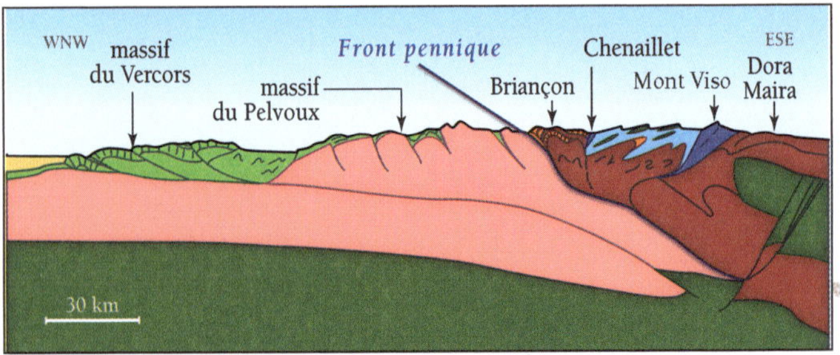

Coupe obtenue par interprétation d'un profil ECORS (Étude de la Croûte Continentale et Océanique par Réflexion et Réfraction Sismique) des Alpes franco-italiennes.

2 Des indices pétrographiques

■ Le massif cristallin de Dora Maira (Alpes italiennes) contient des assemblages reliques de très haute pression. Il s'agit de méta-grès caractérisés par une association minéralogique qui indique des pressions supérieures à 1 GPa. En particulier, on observe des cristaux de grenat qui contiennent en inclusion des reliques de coésite, partiellement transformées en quartz. La coésite est stable à des pressions supérieures à 2,7 GPa, c'est-à-dire à plus de 90 km de profondeur. Un quartz entouré par un grenat ayant subi une fracturation radiale peut être considéré comme le minéral « témoin » d'un faciès métamorphique d'ultra-haute pression. En effet, la transformation de la coésite en quartz lors de la remontée vers la surface nécessite une augmentation de volume qui explique les fractures radiales dans le cristal de grenat autour de l'inclusion. Cette observation permet d'envisager la subduction* d'unités continentales à des profondeurs importantes (90 à 100 km).

■ L'ensemble de ces marqueurs montre que les chaînes de collision sont des frontières de convergence, caractérisées par un raccourcissement et un épaississement de la croûte continentale.

À retenir !

■ L'épaisseur de la croûte résulte d'un épaississement lié à un raccourcissement et un empilement. On en trouve des indices tectoniques (plis, failles, nappes) et des indices pétrographiques (métamorphisme, traces de fusion partielle).

Ens. obligatoire

L'histoire d'une chaîne de montagnes

Fiche 22

■ L'Himalaya, avec ses sommets à plus de 8 000 m d'altitude, borde au sud le plateau du Tibet dont l'altitude moyenne est de 5 000 m. L'ensemble Himalaya-Tibet est la plus large chaîne de montagnes du monde. Quelle est l'histoire de cette chaîne de montagnes ?

■ Au Permien, un rift se forme dans le continent de Gondwana ; il évolue progressivement durant le Trias en océan, individualisant deux marges continentales passives, indienne au sud, tibétaine au nord.

Notion-clé
Ce sont les résultats conjugués des études qui permettent de reconstituer une histoire de cette chaîne.

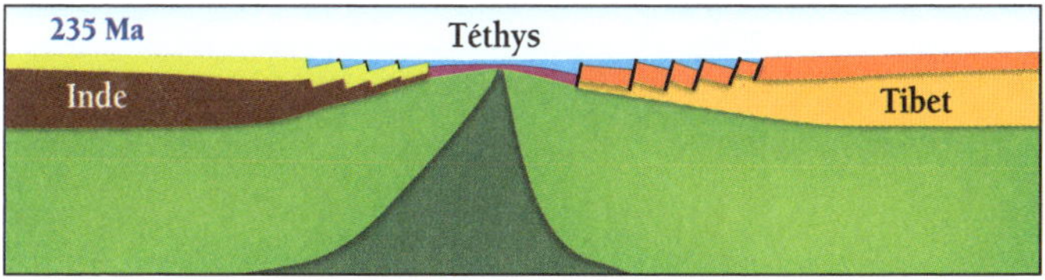

■ À partir du Jurassique supérieur-Crétacé inférieur, l'océan Téthys commence à s'enfoncer par subduction* sous la marge tibétaine. Il se forme alors un prisme d'accrétion* et un arc magmatique.

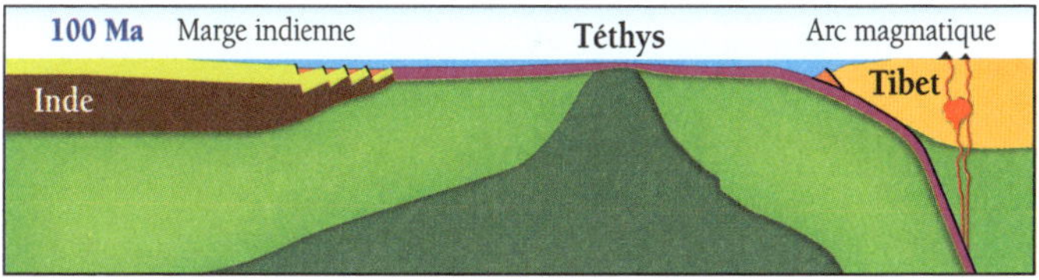

■ À l'Éocène, l'océan est complètement résorbé. Les deux marges entrent alors en collision. Une chaîne de montagnes commence à s'édifier. La partie la plus amincie de la marge indienne s'enfonce en subduction et subit un métamorphisme* haute pression/basse température.

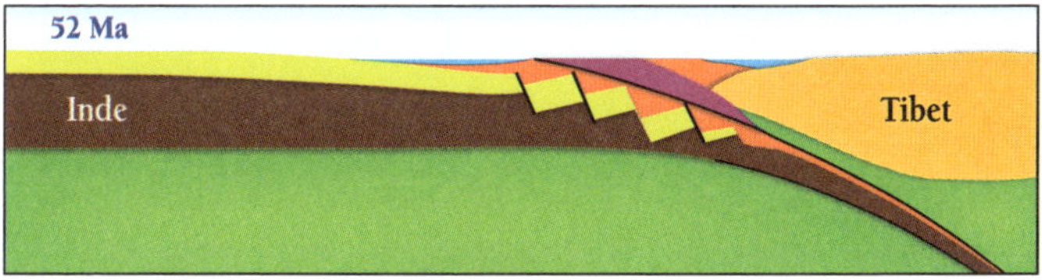

■ Une partie de la croûte océanique se retrouve « coincée » lors de la suture et passe sur la marge indienne.

■ Au Miocène, l'ouverture de l'océan Indien provoque un écaillage de la croûte indienne entraînant la formation d'une chaîne plus élevée que la précédente. L'Himalaya se développe aux dépens de la marge indienne, clivée en écailles crustales qui se chevauchent le long de charriages majeurs accumulant des déplacements de l'ordre de 200 km. L'épaisseur de la croûte de l'Inde est doublée à la faveur de ces chevauchements.

■ Ainsi se forme la zone du Haut Himalaya, au-dessus du grand chevauchement central. En avant de ce chevauchement, les sédiments syn-rift, représentant une molasse d'avant-chaîne, sont incorporés au prisme orogénique par le jeu d'un autre chevauchement. La couverture sédimentaire de cette zone est décollée et glisse, en formant de nombreux plis* hachés par des failles*.

■ Actuellement, une nouvelle zone de chevauchement plus externe apparaît. L'Inde continue à s'enfoncer sous le Haut Himalaya, entraînant le soulèvement du Moyen Himalaya et la création du relief actuel.

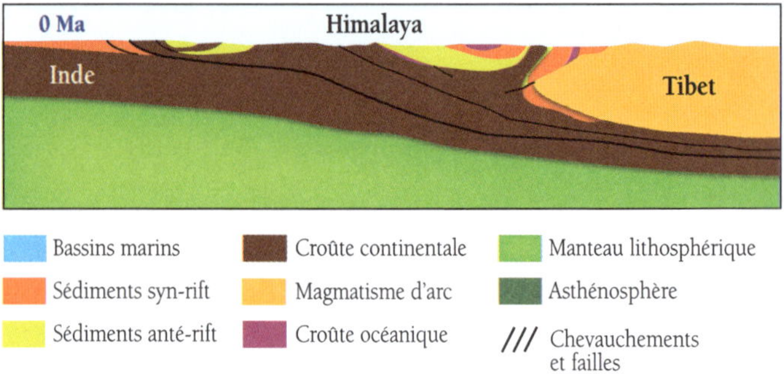

À retenir !

▪ Les résultats conjugués des études tectoniques et minéralogiques permettent de reconstituer un scénario de l'histoire de la chaîne.

Le magmatisme en zone de subduction

Les frontières des plaques sont le siège d'activités volcaniques preuves de la présence de magma en profondeur. Quelles sont les caractéristiques de l'activité magmatique de ces zones ?

1 Une activité volcanique explosive

■ Les volcans des zones de subduction* sont célèbres par leurs éruptions explosives. Les laves* de ces volcans sont visqueuses et ne peuvent s'écouler. Elles s'accumulent alors sur place formant un dôme pouvant atteindre plusieurs centaines de mètres de haut. Les gaz contenus dans le magma* ne peuvent s'échapper facilement. Si la pression de gaz augmente fortement, une explosion, ou, le plus souvent, plusieurs explosions, détruit le dôme. Des tonnes de matériaux de tailles variées sont alors projetées en altitude. Des coulées pyroclastiques ou nuées ardentes peuvent se produire : ce sont des mélanges de cendres et de poussières à haute température qui détruisent tout sur leur passage.

■ Lors de phénomènes explosifs de moindre ampleur, des cendres sont accumulées sur place formant le cône volcanique. Ces accumulations précèdent l'explosion cataclysmique.

■ Bien que spectaculaires, les éruptions explosives ne sont qu'une petite manifestation de l'activité magmatique des zones de subduction. 90 % du magma demeure en profondeur et forme de grandes quantités de roches dites plutoniques.

2 Les roches magmatiques des zones de subduction

A. Caractéristiques des roches

■ Diverses roches magmatiques sont mises en place dans les zones de subduction*.

Schéma d'une lame mince d'andésite observée au microscope.

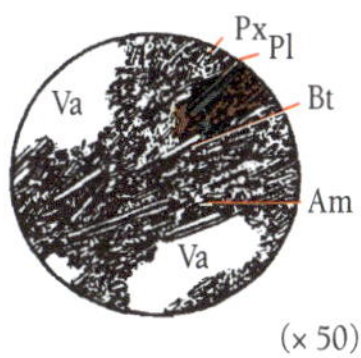

Schéma d'une lame mince de granodiorite observée au microscope.

Comparaison de la structure de l'andésite et d'une granodiorite.
Am : amphibole ; Bt : biotite ; Px : pyroxène ; Pl : plagioclases ; Q : quartz ; Va : vacuole.

■ En surface, on trouve des roches volcaniques comme les andésites. En profondeur, on trouve des granitoïdes comme les granodiorites, roches plutoniques.

■ Les échantillons d'andésite peuvent être observés à l'œil nu : la roche apparaît homogène et gris clair, elle a un aspect bulleux, témoin de la difficulté des gaz à s'échapper.

■ Si on observe une lame mince d'andésite, la roche présente une structure microlitique* : les microlites* sont principalement des plagioclases et des pyroxènes et, en quantité moindre, de l'amphibole hornblende et de la biotite. Des phénocristaux* de plagioclases, de pyroxènes sont visibles.

■ Les échantillons de granodiorite* observés à l'œil nu présentent un aspect hétérogène d'une couleur générale dans les gris : on y observe des minéraux de grande taille et d'une couleur entre le blanc et le gris. La roche présente une structure grenue*.

■ L'observation au microscope d'une lame mince permet d'identifier différents minéraux de grande taille : quartz, plagioclases, orthose, biotite et amphibole hornblende.

B. Un mode de mise en place différent

■ Deux roches sont à connaître, même s'il s'en forme bien d'autres en dehors des andésites et des granodiorites. Elles présentent des minéralogies différentes, mais elles sont toujours de deux types : volcanique, présentant une structure microlitique, ou plutonique, présentant une structure grenue.

■ Cette différence de structure est due au mode de refroidissement de la lave.

■ Des modèles de cristallisation peuvent être utilisés, comme celui de la cristallisation de la vanilline, pour comprendre l'influence de la vitesse de refroidissement sur la taille des minéraux formés.

■ Si la lave refroidit en surface, son refroidissement est rapide du fait de la différence de température entre la lave et le milieu extérieur. Les minéraux qui se forment n'ont pas le temps de se développer. Ils sont alors de petite taille. La roche formée a une structure microlitique.

■ Si la lave refroidit en profondeur, dans la chambre magmatique, le refroidissement est très lent. La différence de température entre la chambre et l'encaissant* est faible. Les minéraux qui se forment alors ont le temps de se développer. Ils sont de grande taille. La structure de la roche est grenue.

à retenir !

■ Dans les zones de subduction, des volcans émettent des laves souvent visqueuses associées à des gaz et leurs éruptions sont fréquemment explosives.

L'origine du magmatisme en zone de subduction

L'activité magmatique des zones de subduction* présente des caractéristiques différentes de celles des dorsales. Comment expliquer le magmatisme des zones de subduction et quelles en sont les conséquences ?

1 Origine des magmas mis en place en zone de subduction

A. Une minéralogie informative

■ Les basaltes ont été étudiés en Première. Ils sont principalement composés de deux minéraux : les plagioclases et les pyroxènes (minéraux ferromagnésiens, c'est-à-dire riches en fer et magnésium). On peut trouver des phénocristaux d'olivine. Ils sont essentiellement mis en place au niveau des dorsales. Le magma qui peut former des basaltes provient de la fusion partielle* de péridotites du manteau.

■ Si l'on compare andésite et basalte, on constate que les minéraux trouvés dans l'andésite sont différents de ceux du basalte. Mais en même temps, on constate des similitudes. On y retrouve des plagioclases et des pyroxènes, minéraux ferromagnésiens. L'amphibole hornblende et la biotite sont des minéraux ferromagnésiens. On peut donc déduire une origine commune des magmas à l'origine des basaltes et des andésites : il s'agit aussi de péridotites du manteau qui ont subi la fusion partielle.

■ Dans l'andésite et la granodiorite, on trouve ces deux minéraux ferromagnésiens : l'amphibole hornblende et la biotite qui sont hydroxylés. Cette hydroxylation est le témoin d'une hydratation. Le magma à l'origine des roches magmatiques de la zone de subduction* est donc riche en eau, ce qui n'est pas le cas des péridotites.

Notion-clé
Les minéraux hydroxylés ont une formule chimique contenant un ou plusieurs radicaux hydroxyle (–OH).

B. Origine de l'eau et condition de la fusion

■ Au laboratoire, il est possible d'étudier les états des péridotites en faisant varier les conditions de pression et de température. Il existe un domaine de pression-température, pour des températures faibles, où les péridotites sont solides, séparé d'un domaine de pression-température, pour des températures plus importantes, où les péridotites sont à l'état solide et liquide.

Ces deux champs sont séparés par une courbe dite solidus. Si une péridotite franchit le solidus, elle entre en fusion partielle. L'ajout d'eau dans le modèle décale le solidus vers des températures plus faibles : les péridotites entrent en fusion pour des températures inférieures.

■ Au niveau des zones de subduction, les péridotites entrent en fusion du fait de l'eau. Cette eau est apportée par la plaque lithosphérique en subduction. Cette lithosphère, après sa mise en place, a été hydratée. Les minéraux, constituant les roches de la croûte (plagioclase, pyroxène), ont été déstabilisés et se sont transformés en minéraux hydratés (amphibole hornblende). Lorsque la plaque lithosphérique plonge en subduction, elle subit une forte augmentation de la pression. Les minéraux la constituant sont déstabilisés et sont transformés en minéraux moins hydratés (amphibole bleue ou glaucophane) ou anhydres (grenat). L'eau libérée passe dans le manteau subjacent et provoque la fusion partielle* des péridotites. Cette fusion a lieu entre 100 et 150 km de profondeur.

2 Conséquences de l'activité magmatique

■ Les magmas à l'origine de l'activité magmatique, à l'aplomb des zones de subduction*, sont formés en profondeur, entre 100 et 150 km. Le magma moins dense remonte vers la surface et s'accumule dans un complexe de cavités, la chambre magmatique. Cette chambre magmatique se trouve à la limite croûte-manteau. À partir de cette chambre, la lave peut gagner la surface et former les roches volcaniques. Elle peut aussi demeurer en profondeur et former les roches plutoniques.

■ L'activité magmatique des zones de subduction permet donc l'ajout de matériaux à la croûte continentale en surface, mais aussi en profondeur. Les roches mises en place ont une minéralogie et donc une chimie proche des roches majeures de la croûte continentale, les granites. L'activité magmatique permet donc la mise en place d'une croûte continentale. Si la subduction a lieu en bordure de continent, l'activité magmatique permet l'ajout de matériaux de nature continentale à la croûte préexistante. Il y a alors accroissement de la croûte. Ce mécanisme correspond à l'accrétion* continentale*.

À retenir !

■ La déshydratation des matériaux de la croûte océanique subduite libère de l'eau qu'elle a emmagasinée au cours de son histoire, ce qui provoque la fusion partielle des péridotites du manteau sus-jacent.

Les chaînes de montagnes anciennes

Les chaînes de montagnes sont plus ou moins anciennes. Comment les chaînes de montagnes anciennes sont-elles modifiées au cours du temps ?

1 Les caractéristiques des chaînes de montagnes anciennes

■ Les Alpes sont une chaîne de montagnes récentes. Elle s'est formée par la collision du continent eurasiatique et du continent africain à l'Eocène, il y a 40 Ma. Cette chaîne présente de hauts reliefs, acérés, aux nombreuses crêtes. De nombreux sommets dépassent les 3 000 mètres d'altitude. Les roches qui affleurent sont diverses : des roches sédimentaires plus ou moins déformées ; des roches plutoniques, trouvées dans les reliefs les plus importants de la chaîne ; des ophiolites*, témoins de l'ancien océan.

■ Le Massif armoricain, le Massif central, les Vosges et les Ardennes sont les reliquats d'une chaîne de montagnes anciennes, la chaîne hercynienne. Cette chaîne présente des caractéristiques différentes des Alpes. Plus ancienne, elle résulte de la collision de trois continents qui a eu lieu entre le Dévonien (– 420 Ma) et le Permien (– 290 Ma). Cette chaîne présente des reliefs, mais moins élevés que ceux des Alpes : en règle générale, inférieurs à 1 000 mètres d'altitude. Les crêtes sont peu nombreuses et l'ensemble apparaît vallonné.

■ Ces massifs sont constitués de deux types de roches : des roches métamorphiques et des roches de type granitoïde.

■ Les roches métamorphiques sont des roches qui ont été portées en profondeur et qui ont subi des transformations minéralogiques à l'état solide.

■ Les granitoïdes, comme les granites, proviennent de la fusion de matériaux en profondeur. Si l'enfouissement des roches évoquées se poursuit, l'augmentation de la température et de la pression conduit à une fusion qui donne naissance à des magmas de composition granitique.

2 La disparition des parties superficielles des chaînes

■ Les parties superficielles des chaînes de montagnes au cours du temps tendent à disparaître.

■ L'érosion* conduit à l'élimination des roches en surface (*voir fiche 26*). Elle provoque la disparition des parties superficielles des chaînes. Des phénomènes tectoniques interviennnent aussi. Le terme de tectonique désigne des déformations affectant des ensembles géologiques après leur mise en place. Deux phénomènes jouent un rôle important : la résorption de la racine crustale et l'effondrement gravitaire de la chaîne.

Mot-clé
Le terme de **tectonique** désigne des déformations affectant des ensembles géologiques après leur mise en place.

A. La résorption de la racine crustale

- Lors de la collision entre deux continents, il y a formation de relief du fait de l'empilement des matériaux. Cet empilement a lieu aussi en profondeur. Une racine crustale se forme et peut atteindre des profondeurs supérieures à 60 km. L'ensemble est formé de matériaux de nature continentale. Les roches constituant cet ensemble sont de densité inférieure aux péridotites du manteau sous-jacent. Lorsque les matériaux constituant les hauts reliefs sont éliminés, la racine crustale, moins dense, a alors tendance à remonter vers la surface. Cette remontée entretient l'action de l'érosion sur les reliefs.

- Ce processus se poursuit jusqu'à que la croûte de la chaîne ait retrouvé son épaisseur moyenne de 30 km. Petit à petit, il y a résorption de la racine crustale. Cette résorption conduit à ramener vers la surface des matériaux profonds. C'est pourquoi, dans une chaîne ancienne, on retrouve en surface de grandes quantités de granites et de roches métamorphiques formées préalablement en profondeur.

B. L'effondrement gravitaire de la chaîne

- Après la mise en place d'une chaîne de montagnes, des mouvements horizontaux de matériaux ont lieu, conduisant à une extension latérale de la chaîne.

- Lors de la collision, des matériaux sont portés en profondeur. Du fait de la température, ils deviennent plus ductiles* qu'en surface. Peu denses, ces matériaux vont alors avoir tendance à s'étaler horizontalement. Petit à petit, la chaîne s'étend horizontalement. Ce phénomène d'extension latérale conduit à la remontée du niveau de la racine crustale en profondeur et à un effondrement des hauts reliefs en surface. Dans les chaînes anciennes, on peut trouver des structures tectoniques témoins de cet effondrement.

À retenir !

- Les chaînes de montagnes anciennes ont des reliefs moins élevés que les plus récentes. On y observe à l'affleurement une plus forte proportion de matériaux transformés et/ou formés en profondeur.
- Les parties superficielles des reliefs tendent à disparaître.

Les cycles des matériaux dans la croûte continentale

Comment le recyclage de la croûte continentale est-il assuré dans les chaînes de montagnes ?

1 L'excès de matériaux

Lors de la collision continentale, une chaîne de montagnes se crée. Le raccourcissement de la zone conduit à la formation de hauts reliefs en altitude et d'une racine crustale en profondeur. Il y a donc un excès de matériaux de nature continentale dans la zone de collision.

2 L'érosion conduit à la disparition des reliefs superficiels

A. L'altération* des roches

L'altération des roches conduit à la transformation d'une roche saine en produits qui sont en règle générale moins cohésifs entre eux. Les facteurs d'altération sont nombreux. En montagne, trois facteurs participent à la disparition des reliefs :

> **Notion-clé**
> L'altération et l'érosion participent à l'élimination des matériaux en excès.

– Les variations de température conduisent à un gel, puis dégel de l'eau dont les variations de volume dans les fissures des roches amplifient la fragmentation.

– L'eau est aussi un facteur d'altération chimique des roches. Elle permet la dissolution de certains minéraux comme la calcite trouvée dans le calcaire. Cette dissolution conduit à une mise en solution des ions constituant les minéraux. Elle permet aussi l'hydrolyse d'autres minéraux comme ceux trouvés dans les granites. À l'issue de l'hydrolyse, des ions sont passés en solution, mais les minéraux ont été transformés en d'autres, insolubles.

L'altération par dissolution concerne surtout les roches sédimentaires. Alors que celle par hydrolyse concerne les roches magmatiques, comme les granites et les roches métamorphiques. Dans ces roches, il se forme des minéraux argileux qui désolidarisent les minéraux entre eux. La roche est alors altérée.

– Les végétaux peuvent également participer à l'altération des roches. Les racines, en s'infiltrant, participent à leur fragmentation, et, par la production d'acides, elles participent à leur hydrolyse.

B. L'érosion* des roches

■ Deux facteurs interviennent en montagne : la gravité et l'eau.
– La gravité est active sur les hauts reliefs escarpés. Lorsque des blocs sont désolidarisés par l'altération, ceux-ci sont entraînés vers le bas de la pente. On retrouve alors ces blocs en bas des falaises.
– L'eau participe aussi à l'érosion des roches. Lors de pluies, l'eau ruisselle en surface. Ce ruissellement entraîne l'élimination de tous les éléments solubles. Si la force du ruissellement est suffisante, l'eau peut dégager et déplacer les produits de démantèlement non solubles produits par l'altération. En montagne, les torrents participent à cette érosion. La force du courant étant supérieure à celle du ruissellement, des matériaux de taille plus importante peuvent être dégagés et donc transportés. L'eau permet l'érosion des reliefs lorsqu'elle est sous forme de glace. La glace des glaciers provient des précipitations neigeuses. En se déplaçant vers le bas des pentes les glaciers creusent les vallées. En effet, ils érodent les roches sur lesquelles ils se déplacent par usure.

■ Des phénomènes tectoniques participent aussi à l'élimination des reliefs superficiels (*voir fiche 25*).

3 Le devenir des produits de l'érosion

■ Les produits de l'érosion* sont transportés par l'eau sur des distances variables.

■ Les éléments solubles sont acheminés jusqu'au milieu marin. Sur place, ils pourront être prélevés par les êtres vivants qui construisent leurs coquilles. Ces coquilles pourront former ensuite des sédiments.

■ Le transport des éléments non solubles dépend de la force du courant : plus ces éléments sont de petite taille, plus ils seront transportés loin. Quand la force du courant n'est plus suffisante pour assurer le transport, les particules transportées se déposent : il s'agit de la sédimentation*.

À retenir !

■ Altération et érosion contribuent à l'effacement des reliefs. Les produits de démantèlement sont transportés sous forme solide ou soluble, le plus souvent par l'eau, jusqu'en des lieux plus ou moins éloignés où ils se déposent par sédimentation.

Le flux et le gradient géothermique

L'énergie solaire, d'origine externe au globe terrestre, est une source d'énergie exploitable par l'Homme. Un flux thermique dont l'origine est interne se dirige aussi vers la surface. En quoi consiste ce flux géothermique* ?

1 Le flux géothermique

A. Évaluation du flux géothermique

■ On peut mesurer un flux d'énergie thermique dégagé par la surface terrestre en provenance de l'intérieur du globe. Celui-ci est très inégalement réparti à la surface du globe : la puissance dissipée dépasse 100 $mW \cdot m^{-2}$ au niveau des dorsales ou des points chauds tandis qu'elle ne dépasse pas 40 $mW \cdot m^{-2}$ à la verticale des fosses.

■ Les mesures du flux géothermique pratiquées sur l'ensemble des continents et des océans révèlent une puissance totale d'environ 43×10^{12} W (43 TW) pour une valeur moyenne de 50 $mW \cdot m^{-2}$.

■ L'énergie dissipée par la Terre est donc considérable (même si celle-ci reste faible comparée à l'énergie totale reçue du Soleil : 18×10^{16} W).

■ La Terre dissipe aussi de l'énergie lors d'événements géologiques (séismes, volcanismes). Mais, malgré le caractère spectaculaire de ces événements, l'énergie dégagée est faible (de l'ordre 10^{12} W).

■ On évalue à 10 TW la puissance évacuée par les circulations hydrothermales existant près des axes des dorsales océaniques.

■ À l'échelle globale, le flux important mesuré au niveau des dorsales est associé au magmatisme accompagnant la production de lithosphère nouvelle. Le flux faible mesuré au niveau des zones de subduction* est associé au plongement d'une lithosphère refroidie devenue dense.

■ La principale forme de libération d'énergie interne à la surface de la lithosphère correspond à un transfert thermique de type conduction, en grande partie réalisé au fond des océans.

2 Le gradient géothermique

■ Le géotherme est le profil de température à l'intérieur du globe terrestre, c'est-à-dire la façon suivant laquelle la température évolue en fonction de la profondeur.

Gradient géothermique à l'intérieur du globe.

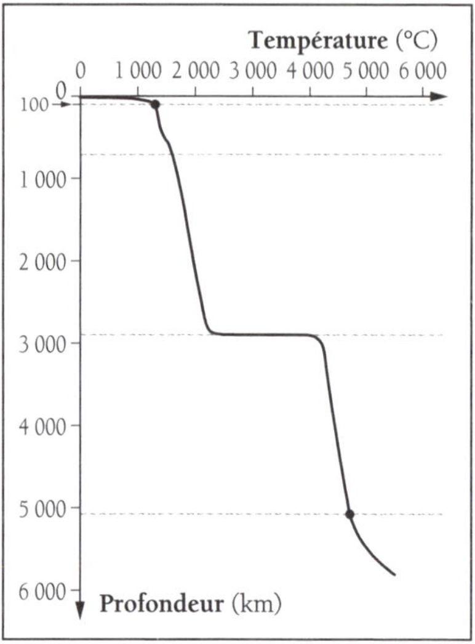

■ Des mesures de température dans les mines et les forages permettent de connaître le gradient géothermique* moyen dans les premiers kilomètres de la lithosphère. Comme le flux, le gradient géothermique varie en fonction du contexte géodynamique. Il est fort (proche de 30 °C·km^{-1}) au niveau d'une dorsale et plus faible (proche de 10 °C·km^{-1}) au niveau d'une zone de subduction.

■ Au sommet de l'asthénosphère, on observe un net ralentissement de la vitesse des ondes sismiques. Les vitesses sismiques sont plus lentes dans cette partie supérieure de l'asthénosphère appelée Low Velocity Zone (LVZ), car les conditions de température et de pression sont voisines de celles nécessaires à la fusion de la péridotite mantellique. Cela suppose une température proche de 1 300 °C.

■ La brusque variation de la vitesse des ondes sismiques vers 670 km de profondeur correspond à des changements minéralogiques. Ces changements nécessitent une température proche de 1 600 °C. Enfin, on sait que le noyau externe de la Terre est en fer liquide alors que la graine est solide. L'analyse de l'état du fer à ces pressions indique que la température du noyau externe est proche de 3 800 °C. Grâce à cela, on peut déduire le gradient géothermique : il est fort (10 à 30 °C·km^{-1}) jusqu'à l'asthénosphère, puis ensuite il devient faible (0,4 °C·km^{-1}) jusqu'à la limite manteau-noyau.

À retenir !

- La température croît avec la profondeur (gradient géothermique) ; un flux thermique atteint la surface en provenance des profondeurs de la Terre (flux géothermique).
- Gradients et flux varient selon le contexte géodynamique.

L'énergie géothermique, exploitable par l'Homme

L'énergie géothermique est la deuxième source de production d'électricité dans le monde, mais c'est aussi une ressource utilisée pour le chauffage urbain, le chauffage de serres agricoles ou pour la pisciculture. Comment se répartit cette ressource ? Comment exploiter cette ressource ?

1 Ressources et gisements géothermaux

- Dans les régions géologiquement calmes, c'est-à-dire en dehors des frontières de plaques, le gradient géothermal est stable d'une région à l'autre (en moyenne 0,3 °C·km^{-1}) bien que dans certaines régions, comme en France métropolitaine, par exemple, on puisse observer des variations relativement importantes : de l'ordre de 0,2 °C·km^{-1} au pied des Pyrénées et 1 °C·km^{-1} au nord de l'Alsace.
- Dans les régions géologiquement actives telles que les frontières de plaques, les roches en fusion se rapprochent ou atteignent la surface. La puissance thermique mise en jeu étant plus importante, elle se traduit localement par des valeurs du gradient et du flux géothermiques bien plus élevées que celles rencontrées dans des zones géologiquement stables. Ainsi, dans les zones volcaniques, le gradient maximal observé est de l'ordre de 5 °C·km^{-1} et la densité de flux de chaleur terrestre peut atteindre des valeurs de 0,5 à 1 W·m^{-2}.

L'énergie géothermique utilisable par l'Homme est donc variable d'un endroit à l'autre.

La Terre dissipe aussi de l'énergie lors d'événements géologiques (séismes, volcanismes). Mais, malgré le caractère spectaculaire de ces événements, l'énergie dégagée est faible (de l'ordre 10^{12} W).

On évalue à 10 TW la puissance évacuée par l'ensemble des circulations hydrothermales existant près des axes des dorsales océaniques.

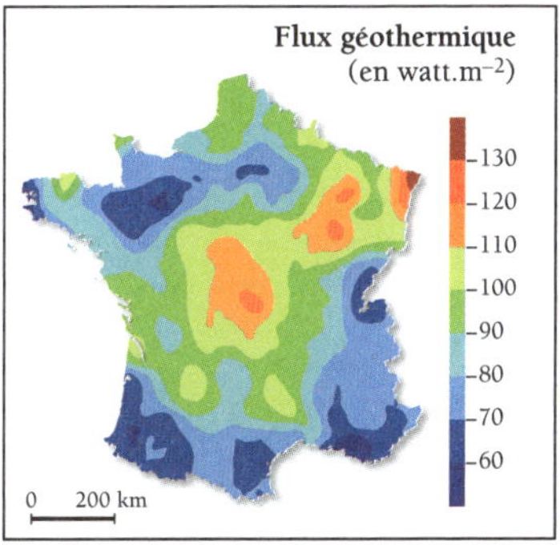

Distribution du flux géothermique en France.

2 L'exploitation de l'énergie géothermique

■ Un gisement géothermal est constitué d'une source de chaleur, d'une roche-réservoir et d'un fluide.

■ La géothermie de basse et très basse énergie exploite les nappes phréatiques de faible profondeur, dont la température n'excède pas 50 °C. Elle peut être utilisée pour chauffer des locaux à l'aide de pompes à chaleur et ses débouchés pour l'habitat individuel sont importants. C'est ce type de gisements que l'on trouve majoritairement en France comme dans le Bassin parisien ou le Bassin aquitain.

Notion-clé
Les ressources géothermales potentielles sont équivalentes aux réserves d'énergie fossile prouvées.

■ C'est dans les régions à magmatisme récent ou actuel que l'on trouve la géothermie à moyenne et haute énergie. La géothermie de moyenne énergie explore en général des gisements d'eau chaude ou de vapeur humide dont la température est comprise entre 90 °C et 150 °C. Dans certaines zones, ces températures s'observent à moins de 1 000 mètres de profondeur, mais on les trouve le plus souvent entre 2 000 et 4 000 mètres. La chaleur ainsi obtenue est surtout utilisée par l'industrie. La géothermie haute énergie exploite des fluides dépassant les 150 °C et permet alors la production d'électricité. L'eau puisée permet d'alimenter des turbines produisant de l'électricité.

■ En France, ce type de ressources se rencontre dans les départements d'outre-mer. C'est ainsi qu'un gisement est en exploitation à Bouillante, en Guadeloupe, et qu'un autre gisement est actuellement en cours d'exploration dans la plaine du Lamentin, en Martinique. Dans le monde, la géothermie couvre 0,4 % des besoins mondiaux en électricité.

■ Le prélèvement d'énergie géothermique par l'Homme ne représente qu'une infime partie de ce qui est dissipé par la Terre. Malgré cela, le rythme d'exploitation de la géothermie est presque toujours supérieur au rythme de renouvellement naturel de la chaleur.

Notion-clé
L'exploitation que l'on fait de la géothermie est presque toujours non durable.

À retenir !

- L'énergie géothermique utilisable par l'Homme est variable d'un endroit à l'autre.
- Le prélèvement éventuel d'énergie par l'Homme ne représente qu'une infime partie de ce qui est dissipé.

L'origine de l'énergie interne du globe

Un flux géothermique* provient de l'intérieur de la Terre. D'où provient l'énergie qui alimente ce flux ?

1 La désintégration d'isotopes radioactifs

Notion-clé
Les éléments radioactifs sont concentrés dans les silicates du manteau et de la croûte.

■ Les minéraux des roches sont formés de divers éléments chimiques. Parmi ces éléments, certains disposent d'isotopes instables radioactifs : ils se désintègrent au cours du temps. Ces désintégrations s'accompagnent d'une libération d'énergie. Quelques isotopes seulement sont responsables de la majeure partie de la libération de chaleur associée à la radioactivité : ce sont deux isotopes d'uranium (^{238}U et ^{235}U), le thorium (^{232}Th), ainsi que le potassium (^{40}K). On évalue l'énergie libérée par ce phénomène de l'ordre de 26 TW.

■ Un tiers de la chaleur serait produit dans la croûte terrestre, où la concentration en éléments radioactifs est la plus élevée. Les deux tiers restants le seraient dans le manteau dont les concentrations en éléments radioactifs sont plus faibles, mais le volume nettement supérieur. Le manteau représente 85 % du volume de la Terre et 70 % de sa masse.

■ Le noyau de fer, pauvre en sources radioactives, et qui ne représente que 30 % de la masse de la Terre, se refroidissant, ne fournit qu'une faible part de l'énergie de la Terre. Le manteau terrestre est davantage un système libérant de la chaleur dans sa masse qu'un système chauffé par le bas.

	U (ppm)	Th (ppm)	K (%)	Énergie thermique produite (μW·m^{-3})
Croûte océanique	1,6	5,8	1,7 à 3,0	1,0 à 1,1
Croûte continentale	0,9	2,7	0,4	0,5
Manteau	0,015	0,08	0,1	0,02

Répartition des radio-isotopes associés à l'énergie thermique produite dans les croûtes et le manteau.

2 La dissipation de la chaleur « initiale »

■ Une autre source d'énergie correspond à la chaleur « initiale » accumulée lors de la phase d'accrétion de notre planète. En effet, les multiples impacts des corps célestes qui se sont agrégés ont dégagé une énorme quantité d'énergie. Si les couches superficielles ont assez rapidement dissipé cette énergie, ce processus fut beaucoup plus lent pour le noyau et il se poursuit encore à l'heure actuelle. La cristallisation du fer liquide à la base du noyau externe dégage aussi de l'énergie. Cependant, cette source d'énergie est très secondaire par rapport aux autres mécanismes producteurs de chaleur. Ces différents phénomènes libèrent de l'ordre de 17 TW.

Source	Puissance (en TW)
Radioactivité du manteau et des croûtes	26
Radioactivité du noyau	0 à 1
Chaleur initiale	12
Chaleur de différenciation	5
Total	43 à 44

Contribution des différentes sources d'énergie dans la Terre à la puissance totale libérée en surface.

■ La Terre apparaît donc comme un système qui libère en surface une quantité d'énergie comparable à 43 TW. Le flux thermique a pour origine principale la désintégration des substances radioactives contenues dans les roches de la croûte et du manteau.

À retenir !

- Le flux thermique a pour origine principale la désintégration des substances radioactives contenues dans les roches.

Mécanismes de transferts de l'énergie interne du globe

Fiche 30

La grande distance entre les zones de production de chaleur (le manteau) et les zones d'évacuation de celle-ci (la surface de la Terre), impose l'existence de mécanismes de transfert de chaleur entre le manteau et la surface terrestre. Comment cette chaleur est-elle évacuée du manteau ?

1 L'élaboration d'un modèle

■ Il n'existe que trois modes de transfert d'énergie thermique d'un point à l'autre : la conduction, la convection* et les ondes électromagnétiques. Les ondes électromagnétiques ne peuvent pas traverser les roches composant la Terre.

■ Lors d'une conduction, le gradient thermique est très important, car le transfert est peu efficace.

■ Dans un corps déformable, lorsque sa température augmente, il se dilate tandis que sa masse volumique diminue. La zone s'échauffant se trouve dans une situation instable, ce qui entraîne un mouvement de matière : la matière chaude monte tandis que de la matière froide descend. Le gradient thermique d'une convection est faible, car le transfert est très efficace.

■ Le gradient géothermique* est fort jusqu'à l'asthénosphère, puis il s'affaiblit jusqu'à la limite manteau-noyau. Le faible gradient géothermique dans le manteau signe l'existence d'une convection permettant la dissipation de l'énergie produite par la désintégration des radio-isotopes (et en provenance du noyau), puis une conduction de cette énergie par la lithosphère vers la surface.

■ Le manteau est-il susceptible de subir une convection ? Le manteau terrestre est solide. Il s'apparente plus à du béton qu'à du miel. Malgré cela, des calculs complexes permettent d'affirmer que le manteau peut se déformer sur les échelles de temps très longues de la géologie.

■ La dynamique convective du manteau est très compliquée. Les subductions représenteraient les seuls mouvements actifs. Lorsque la lithosphère océanique est suffisamment refroidie, sa masse volumique dépasse celle de l'asthénosphère sous-jacente : elle plonge alors dans l'asthénosphère. Les dorsales seraient simplement des remontées passives. Une plaque lithosphérique est donc tirée par la subduction plutôt que poussée par la dorsale. Des modèles analogiques permettent de reproduire ce phénomène.

2 Le test du modèle par la tomographie sismique

> **Notion-clé**
> La tomographie sismique est l'équivalent géologique du scanner en médecine.

■ La tomographie sismique détecte des anomalies de vitesse de propagation des ondes sismiques. Une accélération de la vitesse correspond à une température plus basse, par rapport à la moyenne à cette profondeur, et une diminution de la vitesse à une température plus élevée. Les données recueillies par tomographie sismique indiquent, d'une part, que de la matière froide plonge au niveau des zones de subduction, quasiment jusqu'à l'interface du noyau et du manteau et, d'autre part, qu'il n'y a pas sous les dorsales d'anomalie thermique s'enracinant à une profondeur supérieure à 400 km.

■ Ces données confirment le modèle : les subductions correspondent à des plongements profonds de la lithosphère qui mettent en mouvement les plaques, au moins les plus rapides. Au niveau des dorsales, aucune remontée du manteau ne s'enracine profondément : ces remontées restent superficielles, engendrées pour compenser l'écartement relatif dû au déplacement des plaques lithosphériques. Le noyau produit également de l'énergie transmise au manteau par conduction. Aussi, doit-il y avoir quelques remontées actives de manteau profond, issues du voisinage de l'interface noyau-manteau. Certains points chauds seraient les traces en surface de ces panaches mantelliques actifs d'origine profonde.

■ Ainsi, il apparaît que la Terre se comporte comme une véritable « machine thermique » qui produit de l'énergie thermique et la transforme en mouvement avant de l'évacuer. Deux mécanismes de transfert thermique existent dans la Terre : la convection* et la conduction. Ces processus sont les moteurs de toute l'activité géologique interne du globe.

À retenir !

- Deux mécanismes de transfert thermique existent dans la Terre : la convection et la conduction. Le transfert par convection est beaucoup plus efficace.
- À l'échelle globale, le flux fort dans les dorsales est associé à la production de lithosphère nouvelle ; au contraire les zones de subduction présentent un flux faible associé au plongement de la lithosphère âgée devenue dense.
- La Terre est une machine thermique.

La sélection par l'Homme sur les plantes cultivées

Les plantes cultivées sont indispensables à l'alimentation humaine. Depuis toujours, l'homme a cherché à modifier leurs caractéristiques. Comment la sélection de plantes cultivées permet-elle de modifier le génome ?

1 L'exemple d'une plante cultivée et de son ancêtre supposé

■ Les botanistes pensent que le maïs a pour origine une plante sud-américaine : la téosinte.

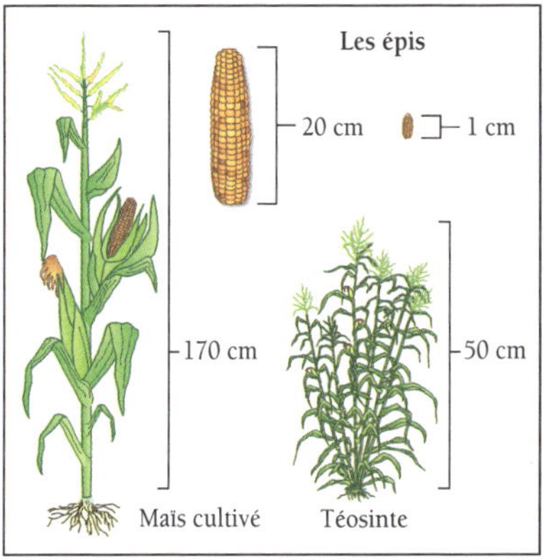

Le maïs et son ancêtre, la téosinte.

■ Le maïs est une plante plus grande que la téosinte. Il ne possède qu'une seule tige. Les épis du maïs sont plus grands et possèdent dix fois plus de grains que ceux de la téosinte. En revanche, la masse moyenne de chaque grain de maïs est plus faible que celle d'un grain de téosinte. La téosinte est apte à disperser ses grains de façon spontanée, ce que n'est pas capable de faire le maïs. Ses grains présentent une enveloppe très dure limitant sa digestibilité, enveloppe que les grains de maïs cultivés par l'homme ne possèdent plus, ce qui les rend propres à la consommation humaine.

■ Le maïs, comme son ancêtre, est incapable de se développer dans des conditions de températures basses. De plus, il exige une grande quantité d'eau à certaines étapes de son développement.

■ Le maïs actuel est le fruit d'une sélection progressive par l'homme au cours du temps pour deux usages différents : la production de grains par les épis et la production de la partie feuillée pour l'ensilage. Les premières traces de domestication du « maïs sauvage » dateraient de 5 000 ans avant J.-C., au Mexique.

2 Caractéristiques génétiques d'une plante cultivée et de son ancêtre

■ Les deux plantes, le maïs cultivé et la téosinte, présentent une forte proximité génétique. Des croisements entre les deux sont possibles. Elles présentent de nombreux gènes en commun avec des séquences nucléotidiques similaires. En revanche, les différences entre les deux plantes impliquent un nombre restreint de gènes présentant des mutations. Le gène tb1 présente des mutations chez le maïs et est à l'origine de l'aspect général de la plante (une seule tige, des épis portant un nombre important de grains) ; le gène tga1 est à l'origine de l'enveloppe dure des grains chez la téosinte. Sa mutation entraîne une disparition de cette enveloppe chez le maïs.

■ D'une manière générale, la sélection exercée par l'Homme sur les plantes qu'il cultive a permis de retenir des caractéristiques génétiques différentes de celles favorables aux plantes sauvages originelles.

3 Les méthodes de sélection des plantes cultivées

■ Les méthodes de sélection génétique exercées par l'Homme sur les plantes cultivées reposent à la fois sur l'expérience et sur des actions volontaires.

■ Parmi les méthodes expérimentales, on peut citer la méthode la plus ancienne : la sélection massale. L'Homme repère des plantes d'intérêt dans ses cultures et utilise leurs graines comme semences pour les cultures suivantes. Répétée de nombreuses fois, cette sélection conduit à une amélioration lente des caractères des plantes cultivées.

■ Les sélections volontaires de caractéristiques génétiques sont diverses. Au xxe siècle, diverses techniques ont été mises au point. Les cultures cellulaires ont permis d'obtenir des grandes quantités de plantes toutes identiques, car obtenues à partir d'une seule plante d'intérêt. Les manipulations génétiques ont permis d'insérer des gènes conférant des caractéristiques nouvelles que n'expriment pas naturellement les plantes cultivées.

à retenir !

■ La sélection exercée par l'Homme sur les plantes cultivées a souvent retenu (volontairement ou empiriquement) des caractéristiques génétiques différentes de celles qui sont favorables pour les plantes sauvages.

L'origine et la biodiversité des plantes cultivées

Les plantes cultivées sont issues des plantes sauvages qui ont été « domestiquées » par l'Homme depuis près de 10 000 ans. Comment et selon quels critères ?

1 La domestication du maïs

Notion-clé
Plus de 600 variétés de maïs ont été léguées par ces agriculteurs.

■ Les civilisations mexicaines ont effectué la domestication du maïs il y a 5 000 ans (*voir fiche 31*). Le maïs est une plante surprenante, car elle est née du travail des hommes et ne peut survivre que grâce à lui. Contrairement aux autres céréales pour lesquelles les similitudes morphologiques entre les formes spontanées et cultivées sont très apparentes, le maïs est unique dans sa morphologie florale et, à première vue, n'a pas de forme spontanée qui lui ressemble. La plante dont est issu le maïs est la téosinte. Proche génétiquement du maïs, elle est cependant différente sur le plan morphologique. Elle présente un épi de petite taille et une sensibilité à l'égrenage. La taille des grains est passée du format grain de riz à celui d'un petit pois. Les scientifiques ont établi qu'un nombre faible de modifications génétiques serait responsable des modifications spectaculaires que l'on observe sur les épis de maïs par rapport aux épis de la téosinte.

	Téosinte	Maïs « primitif »	Maïs actuel
Longueur de l'épi	5 cm	2,5 cm	30 cm
Masse moyenne d'un grain par épi	2,5 g	2 g	0,3 g
Nombre moyen de grains par épi	40	60	500
Rendement		$0{,}12\ t{\cdot}ha^{-1}$	$9{,}4\ t{\cdot}ha^{-1}$

Comparaison de la téosinte, du maïs primitif et du mais actuel.

■ Aujourd'hui les principales variétés de maïs sont :
– le maïs amylacé : la totalité de son albumen est composé d'amidon fortement hydraté ; contrôlé par un gène localisé dans le chromosome 2 ;
– le maïs denté : composé d'un albumen mou dans la région distale de la graine* ; un gène localisé sur le chromosome 2 contrôle ce caractère ;

– le maïs sucré : il contient un pourcentage plus élevé de sucres (6-10 %) que les autres types de maïs ; contrôlé par un gène localisé dans le chromosome 4 ;
– le maïs à éclater est le seul type de maïs à posséder un albumen endurci entourant une zone restreinte d'amidon mou qui, à la cuisson, provoque l'explosion violente du grain. Un gène localisé sur le chromosome 3 contrôle ce caractère.

2 Les critères de sélection des variétés

Les agriculteurs ont, au cours des temps, sélectionné un nombre de caractères favorables à la culture, puis à la récolte. Ils ont retenu les variétés qui germaient rapidement et de manière homogène et celles qui arrivaient à maturité le plus tôt dans la saison avec les rendements les meilleurs. Des caractères sélectionnés dans le passé sont parfois devenus aujourd'hui négatifs. Par exemple, la hauteur des brins de blé a été favorisée, car elle permettait une meilleure production de paille, pour l'alimentation animale, et facilitait la moisson pratiquée auparavant à la faux. Actuellement, on recherche plutôt des blés à paille courte, ne versant pas à l'approche des moissons, car cela perturberait l'efficacité des moissonneuses-batteuses.

3 Biodiversité des espèces végétales cultivées

■ Les plantes cultivées, largement sélectionnées, ont une faible diversité génétique, ce qui les rend plus sensibles à diverses maladies. Or, le maintien de la biodiversité des plantes est une nécessité pour assurer la sécurité alimentaire. Elle permet aux plantes de s'adapter aux modifications de l'environnement, en particulier de résister aux parasites et aux nouvelles maladies.

■ La « révolution verte » des années 1960, basée sur la culture de quelques variétés à fort rendement, fut une véritable catastrophe. Par exemple, il ne subsiste plus qu'une quinzaine de variétés de poires sur les 915 connues en 1869. Heureusement, on assiste depuis quelques années à une prise de conscience. Toutefois, il ne faut pas oublier de sauvegarder également la biodiversité des espèces sauvages voisines des plantes cultivées, car elles servent de réservoir de gènes pour l'amélioration des plantes cultivées. Ainsi, chez la laitue, un gène de résistance au Brémia (maladie fongique) a été introduit à partir d'une variété sauvage.

À retenir !

■ Une même espèce cultivée comporte souvent plusieurs variétés sélectionnées selon des critères différents ; c'est une forme de biodiversité.

Ens. obligatoire

Obtenir de nouvelles plantes par croisement

Fiche 33

Tous les travaux de création de nouvelles variétés agricoles végétales et même animales sont basés sur l'application des lois de l'hérédité découvertes par Mendel. Quelles sont les techniques actuelles permettant d'obtenir de nouvelles plantes qui n'existaient pas dans la nature ?

1 L'intérêt de la création de nouvelles plantes

Le développement des hybrides* a permis des progrès particulièrement spectaculaires dans les rendements et dans les caractères culturaux comme la précocité. Pendant longtemps, les critères de goût n'étaient guère pris en compte. Ils venaient bien après les critères agronomiques de productivité et de résistance aux parasites, ou commerciaux, comme la fermeté, permettant une mécanisation des emballages et la conservation des produits.

Exemple-clé
Pour la tomate, les rendements sont passés de 0,2 kg/m² dans les années 1960 à plus de 20 kg/m² actuellement dans les cultures sous abri.

2 L'obtention de variétés nouvelles

■ Chez les plantes allogames, la fécondation* est croisée. Le pollen* véhiculé par le vent ou par les insectes apporte des caractères venus des différentes plantes. On est en présence d'hybrides. Ce mode de fécondation empêche de maintenir des caractéristiques génétiques identiques au cours des générations. Lorsque l'on croise deux lignées homozygotes, les plantes obtenues présentent des caractéristiques homogènes et un meilleur rendement. C'est l'effet d'hétérosis.

■ Ces contraintes ont amené les sélectionneurs de plantes allogames à travailler sur des hybrides F1. Le premier travail du sélectionneur est d'obtenir des lignées homozygotes qui servent de parents aux hybrides créés. Ces lignées sont obtenues par une sélection massale et généalogique. Les fleurs* sont autofécondées : pour cela, elles sont ensachées avant maturité ; lorsque le pollen est mûr, il est disposé sur les stigmates et l'épi reste protégé jusqu'à maturation.

■ Le second travail du sélectionneur consiste à rechercher les meilleurs croisements possibles entre les nombreuses lignées pures dont il dispose. La semence issue de ces croisements sert à établir des essais comparatifs de rendement ou de sensibilité aux parasites. La troisième étape se résume à des croisements entre les lignées retenues et l'observation en champ des résultats obtenus. La dernière étape vise à obtenir des graines commerciales. Le sélectionneur va croiser une de ces lignées retenues avec une variété qui n'altèrera pas les caractères qu'il veut commercialiser.

■ Chez les plantes autogames, il y a autofécondation. C'est une caractéristique très intéressante, car elle permet de maintenir les caractéristiques génétiques au cours des générations. En revanche, cela peut poser un problème lorsque l'on veut introduire des caractères nouveaux, comme des résistances aux maladies. Le premier travail consiste donc à choisir les « géniteurs ». Ce choix est souvent empirique, car si le géniteur présente obligatoirement les caractères recherchés, on n'est nullement certain que la transmission souhaitée sera réalisée.

■ L'hybridation consiste à réaliser une allofécondation forcée. Il est indispensable que l'ovaire de la plante mère soit réceptif pendant la période où le sélectionneur dispose d'un pollen viable fourni par la plante père. Elle ne présente pas de difficultés majeures. La sélection consiste à choisir dans les descendances d'un croisement les individus qui montrent les caractères recherchés présents chez les parents. Ces individus sont choisis, récoltés et multipliés en vue d'obtenir une lignée fixée, stable.

3 L'obtention d'espèces* nouvelles par hybridation

■ Les mécanismes d'obtention de variétés précédemment décrits concernent des croisements intra-spécifiques, c'est-à-dire des croisements entre des plantes appartenant à la même espèce. Il est possible d'obtenir des hybrides inter-spécifiques. L'exemple le plus spectaculaire est celui des hybrides blé/seigle. Comme le génome du blé tendre ($n = 21$) est très différent de celui du seigle S ($n = 7$), les graines produites sont stériles. Un traitement à la colchicine permet d'obtenir un doublement chromosomique. On a alors affaire à un Triticale à 56 chromosomes (2×28). Ces triticales « primaires » sont assez peu intéressants d'un point de vue agronomique, mais par croisements entre eux, il est possible d'obtenir des variétés avantageuses quant à leur richesse en protéines.

À retenir !

■ Les techniques de croisement permettent d'obtenir de nouvelles plantes qui n'existaient pas dans la nature (nouvelles variétés, hybrides, etc.).

L'obtention d'une plante transgénique

Les organismes génétiquement modifiés (OGM) sont des êtres vivants chez qui l'Homme a introduit un ou plusieurs gènes d'intérêt. Quelles sont les techniques utilisées pour obtenir une plante transgénique ?

1 Les étapes nécessaires à la formation d'une variété transgénique

■ Une fois repéré, généralement dans une banque de gènes, il faut isoler le gène afin de pouvoir le transférer. Il est ensuite introduit dans une bactérie qui permettra le transfert chez le végétal. Le plus souvent, il s'agit d'*Agrobacterium tumefaciens*, une bactérie du sol. L'infection par cette bactérie provoque la formation d'une galle. Cette maladie résulte de la capacité de ces agrobactéries à transférer un fragment de leur ADN dans le génome des plantes. C'est une molécule d'ADN circulaire qui se réplique indépendamment du chromosome. L'ADN-T est délimité par deux séquences de quelques kilobases. Entre elles, se trouvent deux zones distinctes : la zone oncogène qui porte les gènes responsables de la prolifération cellulaire et la région de virulence qui comprend de nombreux gènes impliqués dans les phénomènes de reconnaissance de la cellule végétale, mais aussi dans le transfert de l'ADN-T.

■ Dans cet ADN-T, seules les bordures interviennent dans son transfert. On peut donc substituer au fragment d'ADN, compris entre les deux bordures, un autre fragment d'ADN intéressant à inclure dans le patrimoine génétique de la plante. Ces fragments exogènes sont des gènes classés en trois catégories :
– les gènes marqueurs permettent une sélection facile et efficace des cellules transformées ;
– les gènes rapporteurs permettent de confirmer l'état transgénique des cellules ;
– des gènes d'intérêt, gènes insérés pour influencer génétiquement les végétaux.

■ Les transformations sont généralement effectuées sur des cultures de tissus. La présence d'une blessure est indispensable pour que se fixe la bactérie. Il faut ensuite régénérer la plante entière, évaluer l'expression du gène et, enfin, produire une variété commercialisable.

■ Beaucoup de plantes ne peuvent être transformées par les agrobactéries. Dans ce cas, on utilise des fragments d'ADN injectés directement à l'intérieur des cellules végétales, soit par l'utilisation de chocs électriques, soit par bombardement de microbilles. Ces techniques sont aléatoires et le pourcentage de réussite est très faible.

2 Les OGM, un sujet qui fait débat dans la société

■ Les OGM les plus cultivés dans le monde correspondent à des espèces de grande culture comme le soja, le maïs, le coton et le colza. Pour les végétaux, quatre axes sont privilégiés par les sélectionneurs :

– les plantes résistantes aux agents pathogènes ;
– les plantes résistantes aux herbicides ;
– les plantes améliorées qualitativement ;
– les plantes produisant une molécule non présente habituellement dans le monde végétal.

Notion-clé

Les OGM occupent aujourd'hui une place non négligeable dans les surfaces cultivées.

■ Ils sont l'objet de controverse tant chez les consommateurs que chez les scientifiques. Les consommateurs souhaitent disposer de renseignements fiables sur les OGM, mais cette information est complexe à obtenir, car elle est relayée par des discours irrationnels, scientifiques ou politiques. Par exemple, il est souvent évoqué le danger de l'antibiotique utilisé (kanamycine) comme gène marqueur. Pourtant, tous les comités scientifiques indépendants ayant réalisé une étude sur ce sujet ont assuré l'innocuité de ce produit. Il n'en demeure pas moins que la présence de ce gène de résistance continue d'être une source d'inquiétude toute légitime qu'il ne faut surtout pas occulter. Par ailleurs, de nombreux scientifiques s'inquiètent des risques importants d'hybridation avec la flore locale avec à la clé, l'apparition de résistances comme cela se produit actuellement avec l'apparition de bactéries multirésistantes aux antibiotiques. L'émergence de propriétés nouvelles non contrôlées des OGM interroge également les scientifiques. Il est toutefois souvent difficile d'avoir une évaluation claire des éventuels risques.

À retenir !

■ Les techniques du génie génétique permettent d'agir directement sur le génome des plantes cultivées.

Immunité et phylogénie

Les espèces animales se trouvent sans cesse confrontées à des agressions microbiennes diverses. Face à ces infections, diverses stratégies de lutte ont été développées. Elles correspondent à l'immunité. Quelles sont les diverses stratégies immunitaires dans le monde vivant ?

1 L'immunité dans le monde vivant

■ Les végétaux développent des réponses de type immunitaire face aux agressions, mais les stratégies abordées ici correspondent à celles des animaux.

■ Globalement, l'étude des défenses immunitaires révèle qu'il existe deux types d'immunité : une immunité innée et une immunité adaptative. Ces deux types d'immunité sont inégalement présents au sein du règne animal : tous les animaux possèdent une immunité innée, mais seuls les Vertébrés possèdent aussi l'immunité adaptative.

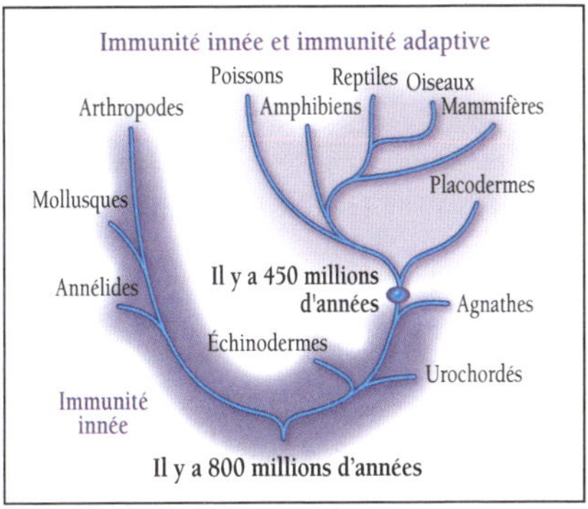

Les différents types d'immunité chez les animaux.

2 L'immunité innée

■ L'immunité innée ne nécessite pas un premier contact de l'organisme avec un antigène pour être efficace. Dès le premier contact avec l'antigène, un ensemble de réponses est mis en œuvre très rapidement qui permet son élimination. Cet ensemble est opérationnel dès la naissance.

> **Mot-clé**
> **Antigène :** élément étranger déclenchant une réponse immunitaire.

■ Cette immunité est due à des cellules diverses qui surveillent en permanence l'organisme et repèrent toute intrusion de corps étranger : microorganismes (bactéries, champignons, virus…) ou cellules de l'organisme modifiées (cellules à potentialité cancérigène). Les molécules intervenant dans les réponses sont codées par des gènes qui présentent de grandes similitudes selon les espèces étudiées : Insectes, Vertébrés, Mammifères, etc.

■ La défense cellulaire existe chez de nombreux groupes, mais elle est particulièrement développée chez les Vertébrés. Elle fait intervenir différentes cellules : les granulocytes, les monocytes*, les macrophages* et les lymphocytes NK.

– Les granulocytes, les monocytes et les macrophages sont spécialisés dans la phagocytose*. Ils inspectent les marqueurs moléculaires exprimés par les cellules qu'ils rencontrent. Leurs récepteurs de surface, les PRR, reconnaissent les marqueurs moléculaires, les PAMPs, exprimés par les microorganismes infectants. Cette reconnaissance induit alors un remodelage du phagocyte qui va détruire l'élément étranger en l'absorbant et en le digérant.

– Les lymphocytes NK interviennent sur des cellules infectées par des virus ou sur des cellules potentiellement cancéreuses. Ils inspectent en permanence les cellules de l'organisme et reconnaissent des éléments étrangers grâce à des récepteurs NKR. Ils induisent alors la destruction de la cellule par différentes voies.

Notion-clé

Phagocytose : le phagocyte adhère à l'élément étranger, l'ingère, puis le digère grâce aux enzymes qu'il produit.

3 L'immunité adaptative

■ Cette immunité existe chez les Vertébrés. Elle ne se développe que suite à un contact avec l'antigène. Elle fait intervenir des cellules et des molécules spécifiques aux antigènes. Les cellules sont, ou dérivent, des lymphocytes T ou B*. Les molécules correspondent à des marqueurs de surface TCR et BCR portés par les membranes des cellules évoquées et des anticorps circulant.

À retenir !

- Deux immunités existent chez les animaux.
- L'immunité innée ne nécessite pas de contact préalable avec l'antigène.
- L'immunité adaptative, présente chez les vertébrés, se développe après un premier contact avec l'antigène.

Ens. obligatoire

La réaction inflammatoire

Fiche 36

Lorsqu'un élément étranger pénètre dans un organisme, la réponse immunitaire innée se met rapidement en œuvre pour éliminer cet élément. La réponse inflammatoire tient une place primordiale au sein de cette immunité. Quelles sont les caractéristiques de la réponse inflammatoire ?

1 Les symptômes de la réponse inflammatoire

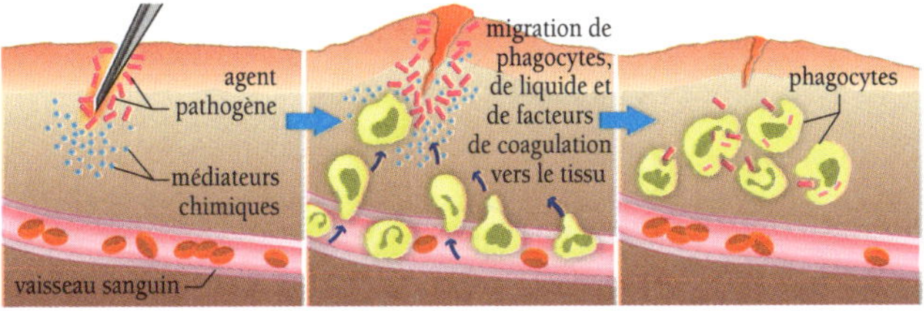

① Lésion du tissu ; libération de médiateurs chimiques (histamine et prostaglandines).

② Vasodilatation (augmentation du débit sanguin) ; augmentation de la perméabilité des vaisseaux ; migration des phagocytes.

③ Ingestion des agents pathogènes et des débris cellulaires par les phagocytes (macrophages et granulocytes neutrophiles) ; cicatrisation du tissu.

La réaction inflammatoire.

> **Notion-clé**
> Quatre symptômes apparaissent lors de la **réaction inflammatoire** : rougeur, chaleur, gonflement et douleur.

- La réaction inflammatoire aiguë se déclenche lorsqu'une plaie lèse la peau ou bien lorsqu'un microorganisme franchit la barrière cutanée.
- Cette réponse est associée à une dilatation des vaisseaux sanguins provoquant l'arrivée d'un nombre accru de cellules sanguines sur le lieu de la lésion, d'où une chaleur et une rougeur locales.
- Les vaisseaux étant perméables, du plasma traverse la paroi sanguine et gagne le tissu où se trouve la lésion : il y a alors gonflement de la zone. Ce gonflement est renforcé par l'afflux de cellules du sang, entre autres, les phagocytes, qui gagnent les tissus pour lutter contre les éléments infectants.
- Ce gonflement, associé à la lésion des cellules, conduit à la douleur.

2 Les médiateurs chimiques de la réponse inflammatoire

■ Les différents symptômes évoqués sont dus à des médiateurs chimiques de l'inflammation libérés par les cellules lésées, mais aussi par les macrophages* présents ou par un autre type de leucocytes, les mastocytes*.

■ Ces médiateurs ont différents rôles :
– certains sont des vasodilatateurs qui entraînent une augmentation du diamètre des capillaires sanguins (vasodilatation) ; le débit sanguin est augmenté localement, d'où la rougeur et la chaleur ; la chaleur permet un effet plus rapide de certains acteurs de la défense moléculaire innée, elle inhibe aussi le développement des microorganismes ;
– d'autres vont augmenter la perméabilité de la paroi des capillaires sanguins ; du plasma peut alors quitter le sang et gagner les tissus, conduisant à un gonflement de la région, ce qui génère une douleur ; la perméabilité accrue permet aussi aux cellules de l'immunité innée d'atteindre plus facilement le tissu lésé ;
– d'autres enfin sont des substances chimiotactiques, elles attirent sur place de nombreuses cellules de l'immunité innée : les différents phagocytes ; ceux-ci, grâce à la phagocytose*, participent à l'élimination des microorganismes infectants ; ils permettent aussi la mise en place de l'immunité adaptative abordée par la suite en exprimant sur les molécules de leur CMH (Complexe Majeur d'Histocompatibilité) des fragments moléculaires des éléments infectants digérés.

■ Cette réponse inflammatoire, en plus de favoriser l'élimination des microorganismes, permet la réparation du tissu lésé.

3 Les antalgiques et les anti-inflammatoires

■ La douleur associée à la réaction inflammatoire peut être tenace et donc gênante pour l'individu. Des médicaments ciblent certains médiateurs chimiques de l'inflammation :
– un médicament antalgique cible les médiateurs à l'origine de la douleur ; il permet donc de diminuer la douleur ; c'est le cas du paracétamol ;
– un anti-inflammatoire vise d'autres médiateurs impliqués dans le déclenchement de la réponse inflammatoire ; c'est le cas de l'aspirine (qui est aussi un antalgique, par ailleurs).

À retenir !

- La réaction inflammatoire est un mécanisme inné essentiel.
- Elle est mise en œuvre grâce à des molécules diverses qui déclenchent des symptômes stéréotypés.
- Elle prépare la réponse adaptative.

L'immunité adaptative : propre aux vertébrés

Les Vertébrés sont les seuls animaux à lutter contre les éléments infectants grâce à la réponse immunitaire innée et la réponse immunitaire adaptative. L'immunité adaptative est possible grâce à différentes cellules et molécules. Quelles sont les cellules et les molécules de l'immunité adaptative ?

1 Les organes lymphoïdes et la production des cellules de l'immunité

■ Il existe des organes lymphoïdes* primaires (la moelle osseuse et le thymus) et des organes lymphoïdes secondaires (les ganglions lymphatiques, la rate…). La moelle osseuse est le lieu de production de toutes les cellules intervenant dans l'immunité, qu'elle soit innée ou adaptative. Le thymus participe, avec la moelle osseuse, à la production d'un type de cellules de l'immunité adaptative, les lymphocytes T. La moelle osseuse permet la production d'un autre type de cellules de l'immunité adaptative, les lymphocytes B*.

■ Les organes lymphoïdes secondaires sont le lieu de la rencontre entre les cellules de l'immunité adaptative et les antigènes, ainsi que le lieu de différenciation de ces cellules.

2 Les cellules de l'immunité adaptative

■ Les cellules de l'immunité adaptative proviennent toutes des lymphocytes B* ou T. Ces lymphocytes sont des cellules produites uniquement par les Vertébrés. Les lymphocytes B (B pour « Bone ») sont élaborés et se différencient dans la moelle osseuse, alors que les lymphocytes T sont élaborés dans la moelle osseuse, mais se différencient dans le thymus (d'où le « T »). Ces lymphocytes sont tous morphologiquement identiques. On peut les différencier par des marqueurs moléculaires de surface ainsi que par leurs fonctions.

> **Notion-clé**
> Les LB se différencient en plasmocytes, les LT CD4 en lymphocytes auxiliaires, les LT CD8 en lymphocytes cytotoxiques.

■ Les lymphocytes B portent en surface des récepteurs BCR (« B Cell Receptor ») qui sont des immunoglobulines ou des anticorps membranaires. Ils peuvent se différencier en plasmocytes* sécréteurs d'anticorps solubles ayant la même spécificité de reconnaissance que les BCR. Les lymphocytes T4 expriment en surface un récepteur, le TCR (« T Cell Receptor ») et un marqueur appelé CD4*.

■ Ces lymphocytes T4 peuvent se différencier en lymphocytes T auxiliaires* sécréteurs d'interleukines, parmi lesquelles l'IL2. Ces interleukines sont nécessaires à la différenciation des cellules de l'immunité adaptative. Les lymphocytes T8 expriment le TCR et un marqueur appelé CD8. Ces lymphocytes se différencient en lymphocytes T cytotoxiques* qui induisent la mort des cellules reconnues comme étrangères à l'organisme (cellules infectées, par exemple).

3 Les molécules spécifiques des cellules de l'immunité

■ Les anticorps peuvent être soit membranaires, c'est-à-dire portés par une membrane, soit circulant dans l'organisme. Leur structure est commune. Ils sont formés de quatre chaînes polypeptidiques : deux chaînes lourdes identiques et deux chaînes légères identiques. Chaque chaîne est constituée d'une partie constante retrouvée dans tous les anticorps (CH pour « Constant Heavy » ; CL pour « Constant Low ») et d'une partie variable propre à chaque anticorps (VH ou VL). La molécule adopte la structure tridimensionnelle d'un Y. La base du Y correspond au fragment constant qui est inséré dans la membrane cellulaire lorsque l'anticorps est membranaire. Les bras du Y correspondent au fragment qui va se lier à l'antigène. La liaison a lieu grâce aux parties variables des chaînes peptidiques. Les deux sites de liaison présentent la même spécificité pour l'antigène.

■ Le récepteur TCR des lymphocytes T est toujours membranaire. Il est constitué de deux chaînes peptidiques différentes : une chaîne α et une chaîne β. Elles sont constituées chacune d'un domaine constant (C) et d'un domaine variable (V). Ces deux chaînes sont enchâssées dans la membrane par les domaines constants. La liaison à l'antigène est réalisée par la partie variable des deux chaînes.

À retenir !

- Les organes lymphoïdes sont le lieu de production des cellules de l'immunité. Ils permettent le contact entre antigène et lymphocytes B ou T.
- Les lymphocytes possèdent des récepteurs différents à l'antigène.

La mise en œuvre du système immunitaire adaptatif

Diverses cellules interviennent dans l'immunité adaptative et permettent plus ou moins directement l'élimination des micro-organismes infectants. Comment l'immunité adaptative permet-elle l'élimination des infections ?

1 L'activation des lymphocytes

■ Les lymphocytes B* et T se différencient en cellules effectrices uniquement s'il y a eu un contact avec un antigène. Un antigène correspond à une molécule, ou un fragment de molécule, reconnu comme étranger à l'organisme et pouvant déclencher une réponse immunitaire. Tous les lymphocytes ne présentent pas la même spécificité vis-à-vis d'un antigène.

■ Les lymphocytes B reconnaissent les antigènes solubles alors que les lymphocytes T reconnaissent des antigènes présentés par les cellules présentatrices de l'antigène que sont certains phagocytes. Ces phagocytes expriment en permanence à leur surface des fragments de molécules grâce à un complexe moléculaire, le CMH (Complexe Majeur d'Histocompatibilité). Lors d'une infection, ces phagocytes ingèrent des éléments étrangers, les digèrent et, sur leur CMH, vont exprimer des fragments de molécules étrangères, des peptides. La reconnaissance de l'antigène par des lymphocytes spécifiques permet la sélection de ces derniers. En fait, ce sont des clones de lymphocytes exprimant le même récepteur membranaire qui sont sélectionnés. Ces clones sélectionnés se multiplient (phénomène d'amplification*) et se différencient en cellules immunitaires effectrices de la réponse immunitaire adaptative (plasmocytes* ou lymphocytes T cytotoxiques).

■ Les lymphocytes T4 tiennent une place particulière au sein du système immunitaire adaptatif. En effet, leur sélection conduit à la formation de lymphocytes sécréteurs d'interleukines nécessaires à l'amplification et la différenciation de tous les lymphocytes sélectionnés (y compris les lymphocytes T4). Cette activation est longue à mettre en œuvre et devient efficace au bout de plusieurs jours.

2 Immunité adaptative et infection virale

■ Les virus, tel que celui de la grippe, sont des parasites endocellulaires. Ils peuvent être reconnus directement lorsqu'ils sont à l'extérieur des cellules par des clones de lymphocytes B* qui, sélectionnés, se multiplient et se différencient en plasmocytes* sécréteurs d'anticorps spécifiques des virus infectants. L'individu est alors séropositif pour le virus reconnu. Lorsque les anticorps se lient aux virus, ils les neutralisent dans un complexe immun : le complexe antigène-anticorps. Une fois fixés, les anticorps peuvent ensuite se lier à des récepteurs spécifiques portés par les macrophages*. Cette liaison induit la phagocytose* des complexes immuns et donc la destruction des virus. Cette modalité de la réponse immunitaire est peu efficace contre les virus, car ils sont principalement à l'intérieur des cellules.

■ Le moyen de défense le plus efficace contre les virus repose sur les phagocytes, qui après phagocytose des virus, peuvent alors exprimer des peptides viraux sur leur CMH, ce qui permet la sélection et l'activation de clones de lymphocytes T4 et T8 spécifiques des peptides viraux exprimés. Les lymphocytes T4 deviennent sécréteurs d'interleukines nécessaires à l'amplification* et la différenciation des cellules de l'immunité adaptative. Les lymphocytes T8 se différencient en lymphocytes cytotoxiques. Ces lymphocytes reconnaissent ainsi les cellules infectées, elles expriment en surface des peptides viraux par leur CMH. Ils se lient à ces cellules, sécrètent des protéines, les perforines, qui s'insèrent dans la membrane des cellules infectées. Les cellules sont alors lysées. Les débris cellulaires sont ensuite éliminés par les acteurs de l'immunité innée que sont les phagocytes.

■ L'infection par le VIH entraîne la mise en place d'une réponse du type de celles qui viennent d'être décrites. Mais le VIH infecte principalement les lymphocytes T4 d'un individu. Ces lymphocytes sont peu à peu détruits par le virus, mais aussi par les effecteurs de l'immunité adaptative. Progressivement, l'individu atteint se retrouve avec un taux très faible de lymphocytes sécréteurs d'interleukines. À tel point qu'il devient immunodéprimé, incapable de toute réponse immunitaire. La phase SIDA (Syndrome d'Immuno Déficience Acquise) de l'infection se met alors en place, pendant laquelle des infections opportunistes se développent.

Mot-clé

VIH : virus de l'immunodéficience humaine.

À retenir !

- Le contact avec l'antigène permet l'amplification et la différenciation des clones de lymphocytes sélectionnés en cellules effectrices de la réponse immunitaire adaptative.

Ens. obligatoire

Diversité des clones de lymphocytes

Fiche 39

■ Avant tout contact avec un antigène, on estime qu'il existe 10^9 clones de lymphocytes différents dans l'organisme. Ces clones diffèrent par les récepteurs membranaires qu'ils expriment. Cependant, ce nombre est peu compatible avec les 25 000 gènes qui sont trouvés dans le génome humain. Comment se forment les clones de lymphocytes ?

■ Les clones de lymphocytes pré-existent avant tout contact avec l'antigène. Ils sont formés de lymphocytes dits matures, c'est-à-dire capables de reconnaître des éléments étrangers à l'organisme, car ils expriment en surface des récepteurs spécifiques (BCR ou TCR). Ils sont dits aussi lymphocytes naïfs, car ils n'ont jamais été au contact de l'antigène. La production de ces lymphocytes a lieu en trois étapes.

1 Prolifération des lymphocytes

Les lymphocytes B* ou T sont produits dans la moelle osseuse par multiplication cellulaire de cellules souches. Ce sont des lymphocytes immatures, car ils n'expriment pas leur récepteur membranaire à l'antigène.

2 Maturation des lymphocytes

■ La maturation a lieu dans la moelle osseuse pour les lymphocytes B* et dans le thymus pour les lymphocytes T. Elle conduit à l'expression des récepteurs en surface. Ces récepteurs sont produits à partir d'un réarrangement génique : différents fragments géniques sont réassociés et permettent ainsi la production de chaque chaîne peptidique spécifique des récepteurs.

■ Les chaînes lourdes des anticorps sont produites à partir de 4 fragments géniques : V, D, J et C portés par le chromosome 14. Les chaînes légères sont produites à partir de 3 fragments : V, J et C localisés sur le chromosome 2. Pour les chaînes β du récepteur TCR, 4 fragments sont réassociés : V, D, J et C localisés sur le chromosome 7. Les fragments V, J et C à l'origine des chaînes α sont localisés sur le chromosome 14 (à un autre locus que pour la chaîne lourde des anticorps).

Notion-clé
Bien qu'ils portent les mêmes noms, les fragments V, D, J et C diffèrent d'un récepteur à l'autre.

■ Les fragments V, D et J sont à l'origine de la partie variable des chaînes peptidiques alors que les fragments C sont à l'origine du domaine constant de ces chaînes.

■ Les différents fragments sont séparés les uns des autres sur les chromosomes. De plus, les fragments V, D et J sont présents en plusieurs exemplaires (de quelques unités à plusieurs dizaines). Dans un lymphocyte en maturation, il y a une recombinaison aléatoire entre les fragments pour former les gènes à l'origine des différentes chaînes peptidiques des récepteurs. Cette réassociation au hasard permet de produire une diversité quasi infinie de récepteurs membranaires de l'antigène. Lorsque ces récepteurs sont exprimés sur la membrane du lymphocyte, celui-ci est mature.

3 Sélection des lymphocytes

■ À l'issue de la maturation, les lymphocytes peuvent reconnaître une grande diversité d'antigènes, y compris des molécules appartenant à l'individu. Une sélection des lymphocytes est donc nécessaire afin d'éliminer les cellules autoréactives.

■ La sélection des lymphocytes B* a lieu dans la moelle osseuse. Tous les lymphocytes qui se lient à une molécule présente dans la moelle avec une forte affinité sont éliminés. Ces molécules sont des molécules du soi, appartenant à l'individu.

■ La sélection des lymphocytes T a lieu dans le thymus. Des phagocytes y présentent sur leur CMH des peptides différents de l'individu. Les lymphocytes T qui reconnaissent avec une forte affinité ces peptides ou bien ceux qui ne les reconnaissent pas du tout sont éliminés. Ne sont conservés que les lymphocytes T reconnaissant les peptides avec une faible affinité.

■ Ce processus permet donc d'éliminer tous les lymphocytes B et T autoréactifs et donc toute réponse immunitaire contre les molécules du soi du sujet. À l'issue de ce processus de maturation, les lymphocytes conservés se multiplient et forment les clones évoqués plus haut. Ils gagnent alors les organes lymphoïdes secondaires en attente d'un éventuel contact avec un antigène.

Exemple-clé

Un déficit dans l'élimination des lymphocytes autoréactifs conduit à une maladie auto-immune.

À retenir !

- Les lymphocytes naissent immatures.
- Ils deviennent matures lorsqu'ils expriment leur récepteur.
- Les lymphocytes autoréactifs sont éliminés.

Mémoire immunitaire et réponse secondaire

Un individu guéri d'une infection par un microorganisme peut se trouver à nouveau à son contact. Il développe alors une réponse immunitaire qui endigue très rapidement la progression de l'élément infectant. Lors du premier contact, une mémoire immunitaire* se met en place permettant cette réponse secondaire. Comment se développe la mémoire immunitaire ?

1 Réponse immunitaire primaire, réponse secondaire

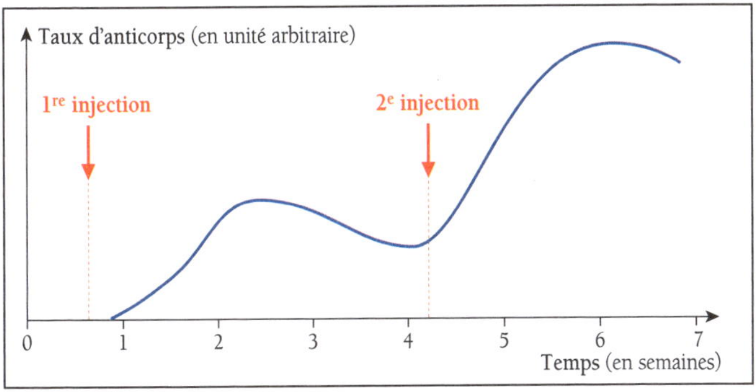

Évolution du taux d'anticorps libres dans l'organisme suite à deux injections du même antigène.

■ Lorsque l'on injecte un antigène à un animal, on observe une réponse immunitaire primaire. Si l'on évalue la quantité d'anticorps que produit l'animal suite à l'injection, il faut attendre quelques jours avant que des anticorps anti-antigènes injectés ne soient détectés. Pendant ce délai, certains clones de lymphocytes ont été sélectionnés, amplifiés et différenciés en lymphocytes T auxiliaires, sécréteurs d'interleukines, et en plasmocytes*, sécréteurs d'anticorps. La quantité d'anticorps sécrétée passe par un maximum, puis diminue. Les plasmocytes ont une durée de vie limitée comme les anticorps qu'ils sécrètent.

■ Si l'on injecte le même antigène à l'animal quelques semaines plus tard, on observe une réponse immunitaire secondaire différente de la première réponse. Le taux d'anticorps anti-antigènes augmente beaucoup plus rapidement, plus fortement et plus durablement que lors de la réponse primaire. L'organisme de l'animal a donc gardé la mémoire du premier contact et répond plus efficacement lors du second contact. Il est immunisé.

■ Ce qui est valable pour l'animal, l'est aussi pour l'Homme. Suite à des infections diverses, l'Homme s'immunise et acquiert la capacité de ne pas développer d'infection par l'agent pathogène dont il a déjà été guéri.

2 Le support de la mémoire immunitaire

■ La mémoire immunitaire* repose sur des cellules à longue durée de vie. Lors de l'expansion qui suit la sélection des clones spécifiques de l'agent infectieux au moment du premier contact, certains lymphocytes ne se différencient pas selon la voie habituelle, mais sont transformés en lymphocytes mémoire. Ces lymphocytes expriment les mêmes récepteurs membranaires (BCR et TCR) que les clones dont ils sont issus, mais en densité beaucoup plus importante. Ces lymphocytes ont une durée de vie très longue et sont très nombreux, beaucoup plus nombreux que les clones dont ils sont issus.

■ Ces trois caractéristiques font que lors d'un deuxième contact avec le même antigène, la réponse immunitaire est bien plus rapide.

■ Aussi, lors d'un deuxième contact avec un même antigène, les lymphocytes B mémoire, en coopération avec les lymphocytes T4 mémoire, permettent-ils une production très rapide de plasmocytes* sécréteurs d'anticorps. L'agent infectieux est rapidement neutralisé, puis phagocyté.

Notion-clé

Au sein des lymphocytes, la mise en mémoire est permise par les lymphocytes B et les lymphocytes T4 et T8.

■ Les lymphocytes T8 mémoire en coopération avec les lymphocytes T4 mémoire permettent une production plus rapide de lymphocytes T cytotoxiques* et donc une réponse immunitaire plus rapide contre les cellules infectées.

■ L'immunisation contre de nombreux agents pathogènes conférée par la présence des lymphocytes mémoire peut durer toute la vie de l'individu.

À retenir !

- Lors du premier contact avec l'antigène des lymphocytes mémoire se différencient.
- Ils permettent, lors d'un deuxième contact avec un antigène, une réponse plus rapide, plus ample, plus durable.

La technique de la vaccination

Suite à un premier contact avec un antigène, une mémoire immunitaire* se développe permettant une réponse plus rapide et plus ample lors d'un deuxième contact avec ce même antigène. La vaccination exploite cette caractéristique de l'organisme pour le protéger. Qu'est-ce que la vaccination et comment se pratique-t-elle ?

1 Le principe de la vaccination

■ Le terme de vaccination trouve son origine dans une pratique ancienne, mais développée à la fin du XVIIIe siècle. Pour lutter contre la variole humaine, maladie mortelle, on inoculait des sécrétions de vésicules de vaccine, variété de la variole présente chez les bovins, aux patients. Ceux-ci, suite à l'inoculation, ne développaient jamais la variole.

Date-clé
À la fin du XIXe siècle, Pasteur met au point différents vaccins, comme celui contre la rage.

■ Depuis, de nombreux vaccins ont été mis au point.

■ Le principe de la vaccination consiste à injecter un antigène, non pathogène, à un sujet. Les antigènes injectés présentent la même spécificité que des agents pathogènes.

■ Suite à l'injection, l'individu développe une réponse immunitaire primaire spécifique et produit des lymphocytes mémoire. De ce fait, si l'individu vacciné est par la suite en contact avec l'agent pathogène, son immunisation le protège contre l'infection.

■ Les vaccins sont divers. L'injection peut être réalisée avec différents constituants :
- microorganismes atténués : les manipulations génétiques permettent de faire perdre leur caractère pathogène à ces microorganismes, mais leurs marqueurs moléculaires antigéniques spécifiques demeurent présents ;
- microorganismes inactivés : les microorganismes sont détruits par la chaleur, ils conservent aussi leurs marqueurs moléculaires antigéniques ;
- marqueurs moléculaires purifiés et synthétisés au laboratoire ;
- toxines inactivées : certaines bactéries infectent l'organisme en produisant des toxines, l'inactivation de ces toxines par la chaleur ne leur fait pas perdre leur pouvoir antigénique.

■ Les virus étant des microorganismes qui mutent très rapidement, la vaccination peut être difficile à mettre en œuvre. Il est nécessaire, par exemple, de pratiquer une vaccination contre la grippe chaque année. En effet, ce virus n'est jamais identique d'une année sur l'autre. À ce jour, le vaccin* à effet durable contre le VIH (responsable du SIDA) n'a pas été encore trouvé.

Notion-clé

Selon les vaccins, soit une seule injection suffit, soit il est nécessaire de réaliser plusieurs rappels.

■ La vaccination est importante pour l'individu qui peut demeurer en bonne santé et vivant, mais aussi pour la population. En effet, elle permet de limiter le risque de contagion et d'infections endémiques.

2 Le rôle des adjuvants

■ En règle générale, les vaccins* sont constitués d'éléments antigéniques, mais aussi d'adjuvants*.

■ Le rôle majeur de ces adjuvants est de stimuler la réponse immunitaire innée :

– les molécules des adjuvants ont des structures analogues aux PAMPs, marqueurs moléculaires portés par les parois bactériennes ; les phagocytes sont donc davantage activés et digèrent plus intensément les éléments antigéniques et donc présentent plus efficacement l'antigène ;

– ces molécules stimulent le développement de la réaction inflammatoire, ce qui conduit à attirer plus de cellules de l'immunité innée sur le lieu de l'injection, dont les phagocytes présentant l'antigène.

■ Ce rôle des adjuvants permet ainsi une translocation plus efficace et plus rapide des antigènes vaccinaux vers les ganglions lymphatiques, où se trouvent les clones de lymphocytes matures naïfs (voir fiche 39).

■ L'injection d'éléments antigéniques vaccinaux est bien plus efficace lorsqu'ils sont associés aux adjuvants. La vaccination sans adjuvant est possible, mais elle nécessite souvent plusieurs rappels alors qu'une vaccination avec adjuvants ne nécessite qu'une seule injection.

À retenir !

- La vaccination utilise la capacité de l'organisme à garder en mémoire l'antigène.
- Les vaccins divers reposent sur l'injection d'un antigène non pathogène.
- Les adjuvants améliorent l'efficacité des vaccins.

L'évolution du phénotype immunitaire

Le terme de phénotype désigne l'ensemble des caractères d'un individu. Ces caractères peuvent être définis à différentes échelles : macroscopique, cellulaire et moléculaire. Il existe un phénotype immunitaire. Quelles sont les caractéristiques du phénotype immunitaire ?

1 Le phénotype immunitaire

■ On estime qu'il existe 10^9 clones de lymphocytes différents dans l'organisme *(voir fiche 39)*. Ces clones préexistent avant tout contact avec l'antigène. Ils sont formés de lymphocytes dits matures ou naïfs, car n'ayant jamais été au contact d'un antigène. Ces clones se forment grâce à des réarrangements de fragments de gène. Leur production est continue tout au long de la vie de l'individu.

■ Suite au contact avec l'antigène, ces clones sont sélectionnés, puis ils se multiplient et se différencient en différentes cellules effectrices de l'immunité adaptative : les lymphocytes T auxiliaires, sécréteurs d'interleukines nécessaires à la production des effecteurs de l'immunité adaptative, les lymphocytes T cytotoxiques, les plasmocytes*, sécréteurs d'anticorps libres, et les lymphocytes mémoire T4, T8 et B.

■ Le phénotype immunitaire correspond, au niveau cellulaire, aux différents clones de lymphocytes B* et T et de lymphocytes mémoire de l'organisme, mais aussi aux cellules effectrices (plasmocytes, lymphocytes T auxiliaires, lymphocytes T cytotoxiques*) et aux molécules effectrices spécifiques (anticorps) présentes à un instant précis dans l'organisme de l'individu.

■ Ce phénotype immunitaire à l'échelle cellulaire a une répercussion sur le phénotype de l'individu à l'échelle macroscopique. En effet, l'individu se trouve immunisé contre tous les antigènes auxquels il a été exposé. Il peut alors résister à une nouvelle contamination par ces mêmes agents infectieux et rester ainsi en bonne santé.

2 L'évolution du phénotype immunitaire

■ Le phénotype immunitaire d'un individu est en perpétuelle évolution du fait de plusieurs processus.

■ À sa naissance, l'individu n'a jamais été au contact d'éléments étrangers, sinon ceux qui ont franchi le placenta. Son immunité est due à sa mère et repose principalement sur les anticorps. Il s'agit d'une immunité passive. L'enfant ne fabrique pas encore ses propres anticorps. Ces anticorps maternels ont franchi la barrière placentaire pendant la vie intra-utérine. Si l'enfant est allaité par sa mère, des anticorps sont transmis via le lait maternel. Cette immunité n'est pas durable. En effet, les anticorps ont une durée de vie courte, l'immunité conférée ne dure que quelques mois.

- L'individu produit une quantité quasi infinie de clones de lymphocytes naïfs. Certains de ces clones sont sélectionnés, amplifiés, différenciés en effecteurs de l'immunité adaptative dès que de nouveaux antigènes sont introduits dans l'organisme. Pendant les premières années de sa vie, l'enfant est plus souvent malade que par la suite. Cette période est celle où il élabore son immunité, mais cette immunité continue d'évoluer tout au long de sa vie.

- La stratégie vaccinale mise en œuvre participe aussi à la modification du phénotype immunitaire de l'individu. L'individu réagit en produisant les effecteurs et les lymphocytes mémoire spécifiques des vaccins inoculés. Cette évolution du phénotype est due à une volonté humaine, c'est une immunisation active : l'individu produit lui-même son immunité en réponse au vaccin.

- La sérothérapie permet, elle aussi, de modifier volontairement le phénotype immunitaire de l'individu. Elle consiste à injecter à un individu des anticorps spécifiques de tel ou tel agent pathogène. Cette technique est mise en œuvre lorsqu'un individu non vacciné a pu être contaminé. Elle vise à neutraliser l'agent incriminé. Elle ne constitue pas une immunisation active, mais passive, l'individu ne produisant pas lui-même ces anticorps. L'immunisation conférée n'est pas durable. En règle générale, on pratique une vaccination suite à la sérothérapie.

Exemple-clé

Lorsque l'on suspecte un cas de tétanos, une sérothérapie est mise en œuvre puis une vaccination.

- Le phénotype immunitaire est donc en perpétuelle évolution du fait des différents contacts avec les agents pathogènes, de la stratégie vaccinale adoptée, etc. Cette évolution est nécessaire, car elle permet à l'individu de s'adapter à son environnement et d'y survivre.

À retenir !

- Le phénotype immunitaire est constitué de cellules, les lymphocytes naïfs et les cellules effectrices différenciées, et de molécules : les anticorps.
- Le phénotype immunitaire est sans cesse modifié.

Réflexe myotatique et intégrité du système neuromusculaire

Par un choc léger sur un tendon, au niveau du genou par exemple, un médecin provoque la contraction du muscle étiré. On parle de réflexe myotatique. Comment se réalise un réflexe myotatique ?

1 Le maintien de la posture, un équilibre à assurer

En l'absence de mouvement, les muscles semblent au repos, car leur longueur reste constante. En réalité, un muscle n'est jamais entièrement relâché : il présente toujours un léger état de contraction appelé tonus musculaire. Cet état de contraction ne produit aucun mouvement, mais permet de stabiliser les différents segments osseux de part et d'autre des articulations. Le maintien d'une posture est dû à la contraction de certains muscles bloquant les os dans une situation donnée. Par exemple, la posture debout est liée à la contraction des muscles extenseurs des jambes, des cuisses, du tronc et de la tête.

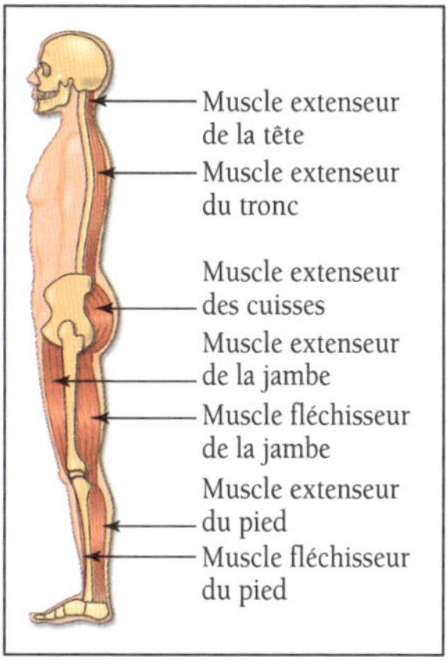

Localisation des muscles intervenant dans le maintien de la posture.

2 La relation entre le tonus musculaire et le réflexe myotatique

■ La gravité terrestre tend en permanence à modifier cette posture. Toute perte d'équilibre est aussitôt rétablie par une contraction de muscles s'opposant à ce mouvement. Cette réaction est le résultat d'une activation coordonnée des muscles extenseurs et fléchisseurs qui s'opposent ainsi à l'action de la gravité. Elle est rapide, automatique, involontaire et stéréotypée. Ce type de réaction est qualifié de réflexe. Il disparaît suite à la section des nerfs qui innervent les muscles, donc il nécessite l'intervention du système nerveux.

■ Le réflexe rotulien fait partie de l'examen médical de routine : le médecin percute légèrement le tendon rotulien, ce qui étire le muscle extenseur de la jambe situé dans la cuisse, provoque sa contraction, et par voie de conséquence, l'extension de la jambe.

Le muscle fléchisseur se relâche lorsque le muscle extenseur se contracte. Les muscles extenseur et fléchisseur de la jambe sont deux muscles antagonistes, car leur action est opposée.

■ De même, la percussion du tendon d'Achille (réflexe achilléen) déclenche en même temps, la contraction du muscle situé dans le mollet et le relâchement du muscle fléchisseur provoquant ainsi l'extension du pied.

■ L'origine de ces deux réflexes est l'étirement d'un muscle extenseur, qualifié de réflexe myotatique. Les réflexes rotulien et achilléen sont deux exemples de réflexes myotatiques. Ils participent en permanence, avec d'autres réflexes, au maintien de la posture : ils permettent un ajustement de l'état de contraction des muscles extenseurs et fléchisseurs de l'organisme lors d'une perte d'équilibre, et ainsi, un rééquilibrage automatique de la position.

■ Il existe donc deux aspects dans le maintien d'une posture : un aspect tonique, dû au tonus musculaire (contraction permanente), et un aspect phasique, dû à des réflexes myotatiques (contraction de courte durée).

■ Les réflexes sont des comportements innés même s'ils peuvent être modifiés par l'apprentissage. Le tonus musculaire, la rapidité et l'amplitude de la réponse sont variables d'une personne à une autre. Ils constituent un aspect de notre phénotype. Un médecin déclenche un réflexe myotatique afin de diagnostiquer le bon état du système neuromusculaire.

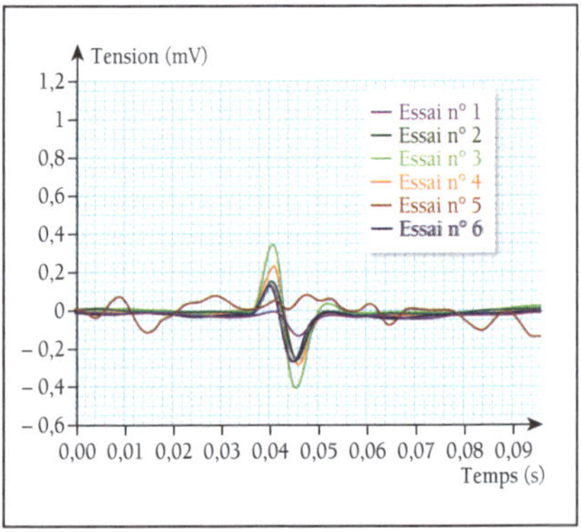

Enregistrement d'un réflexe achilléen (6 essais successifs). Le 5e essai est réalisé avec contraction volontaire des muscles de la jambe avant stimulus empêchant le réflexe de s'effectuer.

À retenir !

- La posture est maintenue grâce au tonus musculaire.
- Toute perte d'équilibre conduit à la contraction de muscles s'opposant au mouvement.
- Lors du réflexe myotatique, un muscle étiré se contracte.

Les circuits nerveux mobilisés au cours du réflexe

Le réflexe myotatique contrôle le tonus musculaire nécessaire au maintien de la posture. Le système nerveux joue un rôle fondamental dans cette réaction réflexe. Quels sont les différents éléments intervenant dans le maintien de la posture ?

1 Le muscle, récepteur et effecteur du réflexe myotatique

Les muscles contiennent des cellules musculaires modifiées : les fuseaux neuromusculaires. Ces cellules musculaires sont entourées d'une fibre nerveuse sensitive. Lorsqu'un fuseau neuromusculaire est étiré, des messages nerveux apparaissent dans la fibre sensitive. Le fuseau neuromusculaire est donc un récepteur sensoriel : il informe les centres nerveux* de l'état d'étirement dans lequel se trouve le muscle.

Notion-clé
Le muscle est constitué de cellules : les fibres musculaires qui, en se contractant de façon coordonnée, raccourcissent.

2 La liaison entre les récepteurs et les effecteurs

- Les voies de transmission sont constituées par les nerfs. Ils sont formés d'un très grand nombre d'unités : les fibres nerveuses. Certaines de ces fibres, les fibres nerveuses sensitives, sont en relation avec les fuseaux neuromusculaires. Elles empruntent la racine dorsale du nerf rachidien et véhiculent le message nerveux afférent, des fuseaux neuromusculaires au centre nerveux. Les fibres qui relient le centre nerveux* aux muscles conduisent le message nerveux efférent : ces fibres motrices empruntent la racine ventrale du nerf rachidien. Un même nerf contient à la fois des messages nerveux afférents sensitifs et des messages nerveux moteurs efférents.

- La destruction de la moelle épinière supprime le réflexe d'étirement tandis que la destruction du cerveau n'a pas d'effet sur celui-ci. Le centre nerveux est donc la moelle épinière qui reçoit le message nerveux afférent et émet un message nerveux efférent.

- Le circuit nerveux apparaît ainsi très simple : l'information, émise par les récepteurs du muscle étiré, atteint un centre nerveux, d'où elle est renvoyée après traitement, vers le même muscle. Le réflexe myotatique est un réflexe particulier dans la mesure où le récepteur et l'effecteur se trouvent au même niveau, à l'intérieur du muscle.

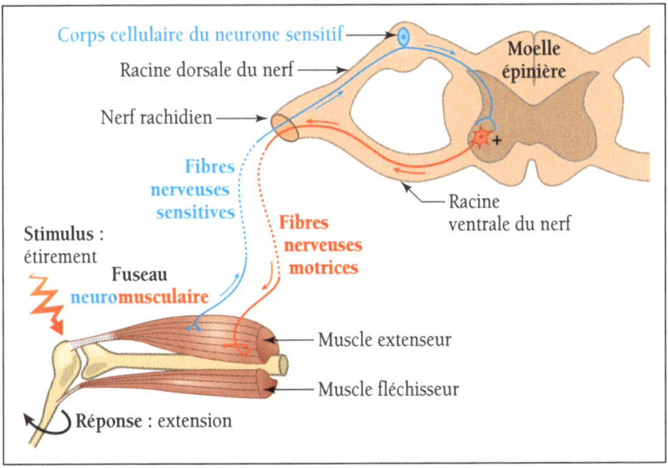

Schématisation du réflexe myotatique.

3 Le contrôle de la coordination de l'activité des muscles antagonistes

■ Au cours du réflexe myotatique, la contraction du muscle extenseur s'accompagne d'un relâchement du muscle fléchisseur. Un même message afférent entraîne donc deux réponses opposées de ces muscles. Ceci suppose qu'il existe des liaisons entre fibres sensitives et fibres motrices des deux muscles antagonistes. On parle d'innervation réciproque.

■ Le stimulus du réflexe extenseur est à l'origine d'un message nerveux afférent qui entraîne une stimulation de la fibre motrice du muscle extenseur, d'où la contraction de ce muscle. Il entraîne aussi une inhibition de la fibre motrice du muscle fléchisseur par l'intermédiaire d'un interneurone provoquant son relâchement. Cette transformation d'un message excitateur en message inhibiteur par l'interneurone se déroule au niveau de la moelle épinière. Il existe un circuit similaire permettant le réflexe fléchisseur.

à retenir !

- Le fuseau neuromusculaire est le récepteur de l'étirement. Il transmet à la moelle épinière un message nerveux sensitif via des fibres sensitives.
- La moelle épinière élabore un message nerveux moteur transmis au muscle via des fibres motrices.

Le codage du message nerveux

Le message nerveux est une information transportée par un nerf, depuis le récepteur sensoriel jusqu'à l'organe effecteur, en passant par un centre nerveux. Dans le réflexe myotatique, le récepteur est le fuseau neuromusculaire, le centre nerveux* est la moelle épinière et l'effecteur est le muscle. Comment est codé le message nerveux ?

1 L'enregistrement d'un message nerveux au niveau d'un nerf

On peut enregistrer l'apparition d'une différence temporaire de potentiel (ddp) à la surface d'un nerf suite à une stimulation électrique. Cette différence de potentiel est un potentiel global : c'est la traduction électrique du message nerveux en surface d'un nerf stimulé. Ce phénomène dure quelques millièmes de seconde. La réponse du nerf dépend de l'intensité de stimulation : en dessous d'une valeur seuil, on n'obtient aucune réponse. Au-dessus de cette valeur seuil, la réponse est proportionnelle à la stimulation jusqu'à atteindre une amplitude maximale qui ne peut être dépassée. Les variations du potentiel global selon l'intensité de stimulation s'expliquent par la structure d'un nerf : un nerf est composé d'un ensemble de fibres dont le diamètre et la nature sont variés. Dans le cadre du réflexe myotatique, l'augmentation de l'étirement du muscle met en jeu un nombre de plus en plus grand de fuseaux neuromusculaires et par là, un nombre de plus en plus grand de fibres nerveuses sensitives afférentes.

2 L'enregistrement d'un message nerveux au niveau d'un neurone moteur

- Le système nerveux est formé de cellules nerveuses, ou neurones, comportant un corps cellulaire* situé dans un centre nerveux* et d'un prolongement, l'axone* (fibre nerveuse).

- Toute cellule est électriquement neutre : elle contient autant de charges positives que de charges négatives. Cependant, sa membrane est polarisée. On peut mettre en évidence ce phénomène à l'aide d'une microélectrode réceptrice implantée dans la cellule et d'une électrode de référence placée à la surface de la membrane. On enregistre une différence de potentiel de –70 mV. La face interne de la membrane est polarisée négativement par rapport à la face externe. Cette différence de potentiel transmembranaire d'une fibre au repos est appelée potentiel de repos (synonyme : potentiel de membrane).

■ Si un dispositif de stimulation est ajouté au dispositif expérimental précédent, la fibre nerveuse répond par une inversion brève de la polarisation de la membrane qui passe de – 70 mV à + 30 mV. La face interne de la membrane devient localement électropositive (phase de **dépolarisation**) par rapport à la face externe, puis la membrane se repolarise rapidement (phase de **repolarisation**). Le retour au potentiel de repos peut être précédé d'une hyperpolarisation de la membrane. L'ensemble de ces phases constitue un **potentiel d'action***. Sa durée est d'environ 2 millisecondes, son amplitude, en valeur absolue, de 100 millivolts. Ce phénomène est observable uniquement chez les cellules excitables comme les cellules nerveuses et musculaires. Il constitue le signal nerveux élémentaire de toute cellule excitable. Lorsque les neurones sont stimulés, ils émettent des potentiels d'action (P.A.).

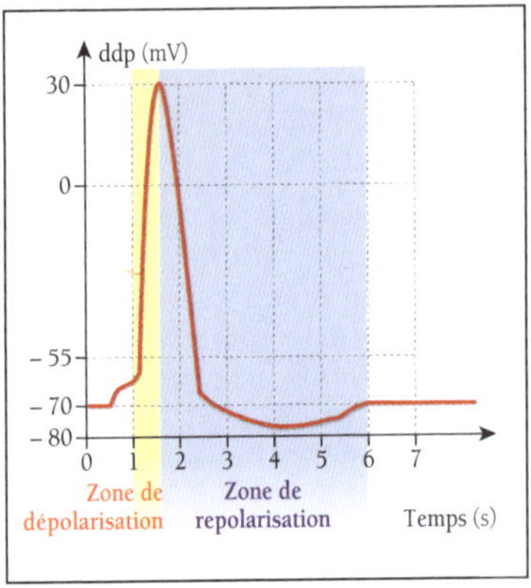

Enregistrement d'un potentiel d'action.

3 Le codage au niveau de la fibre nerveuse

■ La fréquence des potentiels d'action constituant le message nerveux est variable. Elle reflète l'intensité de la stimulation d'un récepteur sensoriel ou d'un motoneurone*. Si l'intensité de la stimulation ne dépasse pas une valeur seuil, on n'observe pas de potentiel d'action*. Si l'intensité du stimulus dépasse le seuil de stimulation de la fibre, celle-ci répond toujours par une succession de potentiels d'action dont l'amplitude est constante quelle que soit l'intensité de la stimulation : c'est la loi « **du tout ou rien** ».

■ Dans tous les cas, les messages propagés par les fibres nerveuses sont constitués d'une succession de potentiels d'action. Plus la stimulation est forte, plus la succession de potentiels d'action est rapprochée. Au niveau d'une fibre nerveuse, le message est donc codé en « modulation de fréquence ».

À retenir !

- Le potentiel d'action est le signal nerveux élémentaire. Il présente toujours les mêmes caractéristiques.
- Le message nerveux est codé, dans la fibre nerveuse, en fréquence de potentiels d'action.

La transmission du message nerveux d'un neurone à l'autre

Les messages nerveux nés à la suite d'un réflexe de posture sont transmis le long des chaînes de neurones organisés en réseau jusqu'aux cellules musculaires, en passant par le centre nerveux. Comment le message nerveux est-il transféré d'un neurone à l'autre ?

1 La synapse, zone de transmission du message nerveux

■ La zone de contact entre deux neurones est appelée une « synapse* ». Elle est caractérisée par l'existence d'un espace synaptique, appelé « fente synaptique », de 20 à 50 nanomètres qui sépare le neurone pré-synaptique du neurone post-synaptique.

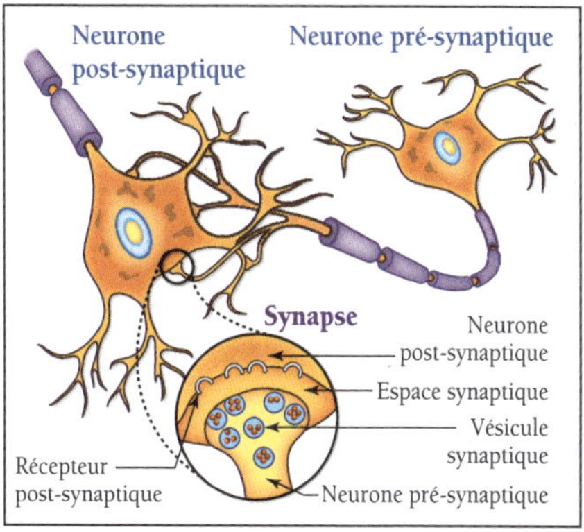

Localisation d'une synapse.

■ Le message nerveux pré-synaptique ne peut pas franchir directement cet espace. Ce sont alors des messagers chimiques qui assurent la transmission du message du neurone pré-synaptique au neurone post-synaptique.

2 Les caractéristiques du fonctionnement d'une synapse

■ La synapse* est une structure polarisée : on peut repérer la terminaison axonique du neurone pré-synaptique, car elle contient de nombreuses vésicules remplies d'une substance chimique.

■ Des injections du contenu de ces vésicules dans l'espace synaptique engendrent un message post-synaptique comparable à celui dû à l'arrivée d'un message nerveux. La substance chimique contenue dans les vésicules est qualifiée de neurotransmetteur*.

■ Lors de l'arrivée de potentiels d'action* du neurone pré-synaptique, les vésicules contenues dans la terminaison axonique pré-synaptique fusionnent avec la membrane cellulaire, s'ouvrant ainsi sur l'espace synaptique : c'est l'exocytose*. Cette action engendre la libération de neurotransmetteurs dans l'espace synaptique. Les molécules de neurotransmetteur se fixent sur des récepteurs de la membrane post-synaptique, ce qui provoque une modification de l'activité du neurone post-synaptique. Ce changement d'activité est à l'origine d'un nouveau message nerveux. L'inactivation rapide du neurotransmetteur dans la fente synaptique par des enzymes et sa recapture par la terminaison présynaptique interrompt la transmission synaptique. La durée totale du processus de transmission est de l'ordre d'une demi-milliseconde.

■ Au niveau d'une synapse, le message nerveux présynaptique, codé en fréquence de potentiels d'action, est traduit en message chimique codé en concentration de neurotransmetteur. La quantité déversée dans l'espace augmente avec la fréquence des potentiels d'action pré-synaptiques afférents et détermine celle des potentiels d'action post-synaptiques efférents.

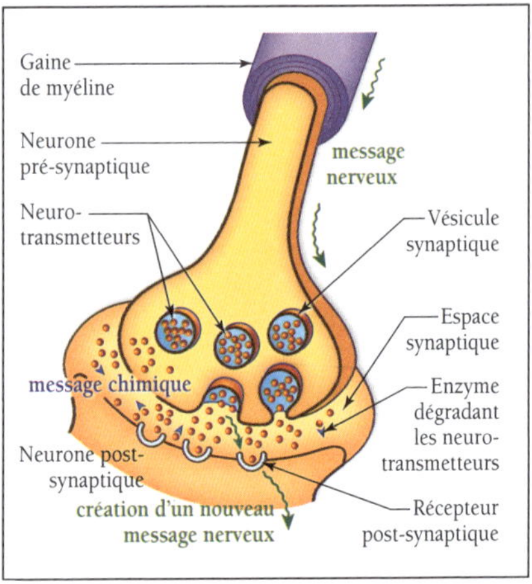

Schématisation du fonctionnement d'une synapse.

3 Les différents types de synapses

Toutes les synapses* fonctionnent de la même façon, mais selon le neurotransmetteur* qu'elles libèrent dans l'espace synaptique, elles peuvent avoir deux effets opposés sur le neurone post-synaptique. Certains neurotransmetteurs provoquent la naissance d'un message nerveux au niveau du neurone post-synaptique : on qualifie ce type de synapse de « synapse excitatrice ». D'autres neurotransmetteurs empêchent, ou pour le moins freinent, l'émission de potentiels d'action par le neurone post-synaptique : on qualifie ce type de synapse de « synapse inhibitrice ».

À retenir !

- Les synapses permettent la communication entre neurones.
- Le message nerveux électrique est transmis en message chimique synaptique.
- Ce message est codé en concentration de neurotransmetteur.

Le contrôle des mouvements volontaires

Si le réflexe myotatique sert d'outil diagnostique pour identifier d'éventuelles anomalies du système neuromusculaire local, il n'est pas suffisant, car certaines peuvent résulter d'anomalies touchant le système nerveux central composé de l'encéphale et de la moelle épinière, et se traduire aussi par des dysfonctionnements musculaires. Comment le système nerveux central contrôle les mouvements volontaires ?

1 La découverte des aires motrices à l'origine des mouvements volontaires

■ En 1870, E. Hitzig, médecin allemand, assisté de l'anatomiste G. Fritsch, applique, au moyen d'une fine électrode, un courant électrique sur le cortex* cérébral exposé d'un chien. La stimulation électrique de différentes zones du cortex provoque des contractions musculaires involontaires dans des régions spécifiques du corps de l'animal. Ils établissent ainsi l'association entre une région du corps et une zone précise du cortex moteur qui en contrôle le mouvement. Cette « bande motrice » du chien, orientée verticalement, est située dans la partie postérieure du lobe frontal. Aujourd'hui, l'exploration du cortex cérébral à l'aide d'IRM permet de localiser avec une grande précision les aires motrices spécialisées à l'origine des mouvements volontaires chez l'espèce humaine.

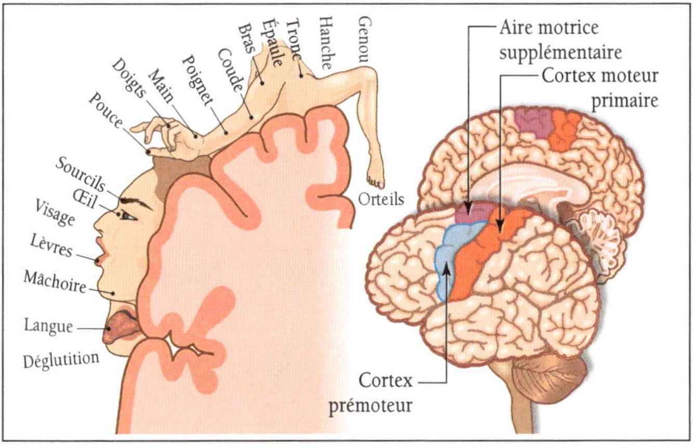

Localisation du cortex moteur et homoncule associé.

2 Le cheminement du message moteur volontaire

■ La production du mouvement volontaire est contrôlée par le cortex* moteur.

■ Plusieurs régions du cortex cérébral sont impliquées dans le contrôle de nos mouvements. La planification d'un mouvement volontaire se fait dans la partie avant du lobe frontal. C'est le cas lors de la décision de prendre un verre d'eau.

■ Grâce à leurs axones*, ces neurones du cortex frontal vont par la suite activer le cortex moteur proprement dit qui, à l'aide de l'information fournie par le cortex visuel, mais également d'autres régions informant de la situation dans laquelle se trouve l'individu, va déterminer la trajectoire idéale pour atteindre le verre.

■ Après cette coordination, le cortex frontal transmet ensuite ses ordres à l'aire prémotrice, où se fait le choix de l'ensemble de muscles à contracter pour réaliser le mouvement. Celle-ci livre ensuite les ordres au cortex moteur primaire. Les axones des neurones du cortex moteur primaire descendent jusque dans la moelle épinière. C'est là que se fait le dernier relais avec les neurones moteurs de la moelle. Ceux-ci sont connectés directement aux muscles et provoquent leur contraction. Puis, c'est en tirant sur les os que les muscles déclenchent enfin le mouvement.

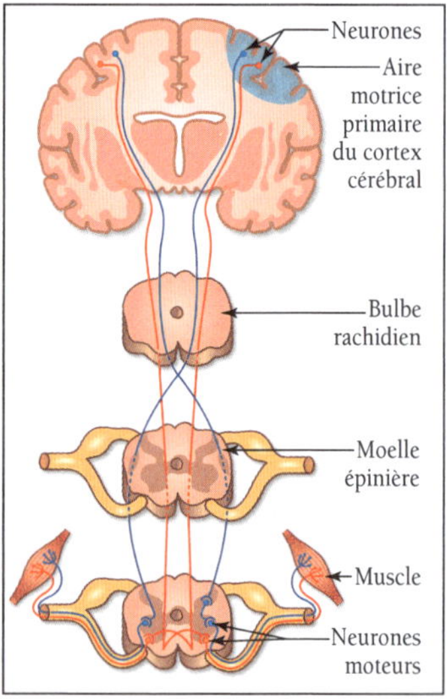

Voies du mouvement volontaire.

■ Une lésion de la moelle épinière empêchera le cortex moteur de provoquer un mouvement volontaire. Des destructions, mêmes partielles, de certaines zones du cerveau ou du cervelet pourront être également à l'origine de la perte de la motricité fine ou de la capacité à coordonner un mouvement.

À retenir !

- Le cortex moteur, organisé en homoncule, contrôle les mouvements de l'organisme.
- Il est connecté par un réseau de neurones aux différents muscles dont il contrôle l'état de contraction.

L'intégration des messages nerveux sensitifs par les centres nerveux

Le corps cellulaire* du motoneurone* reçoit des informations diverses en provenance de nombreux neurones. Comment un motoneurone peut-il intégrer les messages nerveux provenant d'autres neurones ?

1 La sommation spatiale des messages nerveux

On soumet à un choc de faible intensité une zone du cortex* moteur. Seuls les neurones corticaux réagissent et émettent une succession de potentiels d'action* de faible fréquence. On constate que cela n'entraîne pas la genèse d'un message nerveux par le neurone moteur*. En revanche, un stimulus plus intense, stimulant un plus grand nombre de neurones corticaux, conduit le neurone moteur à émettre une succession de potentiels d'action. Ce phénomène s'explique par le fait qu'un même neurone moteur reçoit des messages provenant d'un grand nombre de neurones corticaux et médullaires. Stimulé par un petit nombre de neurones, le neurone moteur ne répond pas. Mais lorsqu'il est stimulé en même temps par un grand nombre, il élabore une réponse. On parle de « sommation spatiale » des messages nerveux provenant des différents fuseaux neuromusculaires.

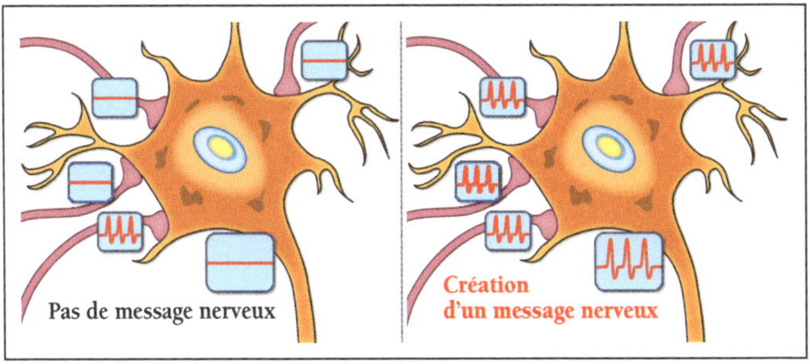

Sommation spatiale.

2 La sommation temporelle des messages nerveux

■ On excite un neurone sensitif avec une stimulation électrique d'intensité insuffisante pour entraîner une réponse du neurone moteur*. Si en gardant la même intensité, on stimule le neurone sensitif avec des stimulations très rapprochées, on constate que le neurone moteur élabore une réponse. Une succession de potentiels d'action pré-synaptiques, individuellement inefficaces, entraîne une réponse si la fréquence des messages nerveux est grande. On parle de sommation temporelle des différents messages nerveux.

Notion-clé
La **propriété de sommation spatiale et temporelle** est commune à tous les neurones.

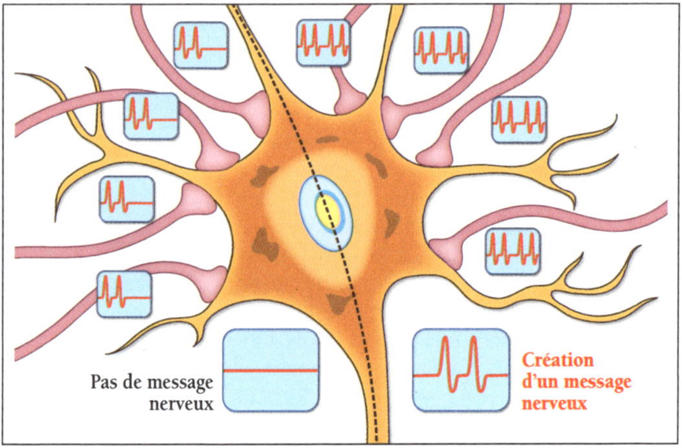

Sommation temporelle.

3 Le rôle fondamental des synapses dans l'intégration des messages nerveux

■ C'est au niveau de la synapse* que la sommation spatiale et temporelle se réalise. Une synapse ne répond pas au coup par coup. Une fréquence faible de potentiels d'action au niveau du neurone pré-synaptique est insuffisante pour conduire le neurone post-synaptique à émettre un message nerveux. Il faut une fréquence élevée de potentiels d'action* pour qu'il y ait une libération suffisante de neurotransmetteurs* et, ainsi, permettre la création d'un message nerveux par le neurone post-synaptique.

À retenir !

- Le motoneurone reçoit des informations diverses.
- Il élabore une sommation spatiale et temporelle des informations reçues qu'il intègre sous la forme d'un message moteur unique.

Cartes motrices et variations individuelles

L'exploration du cortex* cérébral permet de découvrir les aires motrices spécialisées à l'origine des mouvements volontaires. La comparaison des cartes motrices de plusieurs individus montre des différences importantes. Comment s'acquiert la carte motrice d'un individu ?

1 La mise en place du cortex* cérébral

■ À partir de six à huit semaines après la fécondation, les hémisphères cérébraux commencent à se développer. Autour de la septième semaine, des nerfs réalisent des connexions avec des muscles permettant à l'embryon de faire des mouvements spontanés. Les deuxième et troisième trimestres seront essentiellement consacrés à la croissance de ce qui a été mis en place.

■ La structure du cerveau antérieur, siège du langage, de la perception sensorielle consciente (vision, audition, etc.), ou encore du mouvement volontaire, se développe fortement chez l'espèce humaine.

■ Des interactions cellulaires influencent le destin des diverses cellules pendant l'embryogenèse du cerveau. La neuroplasticité est très importante pendant cette période. C'est ainsi que la lésion précoce du cerveau n'a souvent que peu d'impact. En revanche, suite à une altération génétique, la défaillance d'une protéine contrôlant le développement du cerveau peut conduire à de graves altérations des fonctions cérébrales. Des facteurs extrinsèques (drogues, malnutrition, déficit de dioxygène, etc.) pourront entraîner les mêmes effets.

■ La mise en forme du cerveau pendant la vie embryonnaire, en particulier de la carte motrice, dépend de facteurs génétiques et externes conjugués.

2 La période post-natale du développement

■ La période post-natale du développement représente une étape importante dans la poursuite de la mise en place de la carte motrice. Chez l'Homme, par exemple, le poids du cerveau quadruple entre la naissance et l'âge adulte. Cet accroissement de poids résulte à la fois d'une augmentation du nombre et de la taille des neurones, ainsi que d'une prolifération des connexions nerveuses.

> **Notion-clé**
> Le cerveau adulte a une masse moyenne de 1,3 à 1,4 kg.

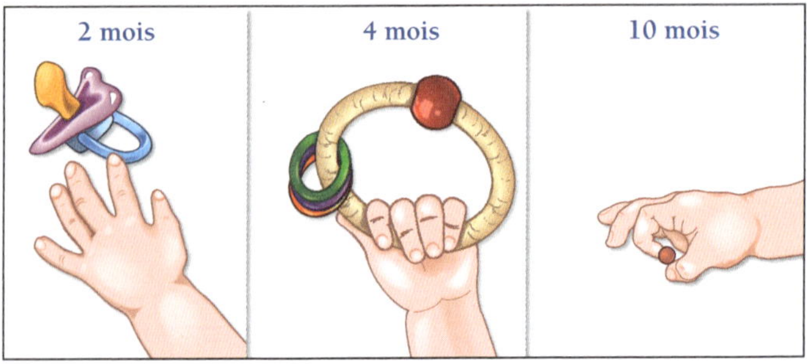

Développement de la capacité de préhension chez l'enfant.

■ De nombreux travaux expérimentaux sur des modèles animaux (rat, chat et Primates), ont clairement montré l'importance de l'interaction des facteurs génétiques et environnementaux dans la mise en place de la carte motrice. Ils ont abouti à l'émergence du concept de « périodes sensibles » du développement post-natal, durant lesquelles s'élaborent les propriétés fonctionnelles des neurones sous l'influence de l'expérience et des apprentissages. La carte motrice d'un jeune violoncelliste sera radicalement différente de celle d'un tennisman.

3 Le cortex* moteur chez un adulte

■ L'encéphale atteint sa masse maximale au début de l'âge adulte. Les connexions nerveuses, malléables pendant la vie embryonnaire et post-natale, évoluent vers un état stable sous l'effet de l'expérience. La carte motrice se stabilise.

■ Néanmoins, les fonctions cérébrales continuent de se modifier et de s'affiner tout au long de la vie, en réponse aux sollicitations multiples du milieu et aux apprentissages permanents qui résultent des activités propres du sujet. On peut ainsi comprendre que des améliorations de la discrimination sensorielle et perceptive ainsi que des fonctions motrices restent possibles à tout âge.

À retenir !

- La comparaison des cartes motrices de plusieurs individus montre des différences importantes.
- Ces différences s'acquièrent au cours du développement du fait de l'apprentissage.

Plasticité cérébrale et récupération post-traumatique

■ L'une des découvertes majeures de ces dernières décennies est celle de la remarquable capacité du système nerveux central à se remodeler sous l'effet de modifications environnementales, de lésions ou du vieillissement. Cette neuroplasticité se réfère à toute une palette de mécanismes de réorganisation et de restauration des fonctions nerveuses.

■ Comment le réseau neuronique réagit-il après la perte accidentelle d'une petite partie du cortex* moteur ?

1 Plasticité cérébrale* post-lésionnelle et récupération

■ Dans les années 1870, Otto Soltmann découvrit l'existence du cortex* moteur et remarqua que des lésions de celui-ci entraînaient des déficits moins sévères chez le sujet jeune que chez l'adulte.

■ Des expériences plus récentes ont montré, par exemple, que lors d'une tâche d'apprentissage d'alternance spatiale chez le singe à l'âge adulte, le pourcentage d'erreurs était identique chez des sujets ayant été opérés in utero du cortex moteur deux mois avant leur naissance et chez des sujets non opérés. Ce pourcentage double lorsque les bébés singes étaient opérés 50 jours après leur naissance et il est multiplié par douze chez des sujets opérés 2 ans après leur naissance.

■ La lésion du cortex frontal chez le rat adulte induit une dégénérescence de certains neurones du thalamus que l'on ne trouve pas chez le raton.

Mot-clé
Connaissance empirique : connaissance acquise par l'expérimentation.

■ Chez l'espèce humaine, l'existence même de processus d'adaptation et de phénomènes de restauration de fonctions est connue empiriquement. Concernant les atteintes pathologiques ou traumatiques du cortex cérébral, le suivi médical a montré depuis les débuts de la médecine, au IIe siècle, que les déficits fonctionnels qui en résultent régressent généralement en fonction du temps et donnent lieu à une compensation partielle, voire totale, des symptômes initiaux. Ces changements sont principalement imputés à des modifications de l'excitabilité des neurones corticaux. Le remodelage des aires corticales, en particulier de l'aire motrice, dépend de modifications morphologiques des neurones et des changements des inférences et afférences avec d'autres neurones. Par exemple, si un neurone est connecté avec dix autres neurones et que, parmi ceux-ci, certains ne stimulent plus ce neurone, les relations synaptiques disparaissent avec le temps tandis que d'autres relations se renforcent avec les neurones « actifs ».

2 Paramètres contrôlant la récupération suite à une lésion corticale

■ L'atteinte lésionnelle du cortex*, à l'origine de déficits comportementaux, s'accompagne généralement d'une restauration fonctionnelle dont le degré peut varier d'un individu à l'autre. Ces variations interindividuelles sont déterminées par plusieurs facteurs. Il faut évoquer, en dehors de facteurs dépendants de la lésion elle-même (étendue, origine, etc.), l'intervention de variables d'ordre motivationnel (désir de guérison) ou liés à l'hygiène de vie (à l'origine d'états fonctionnels différents du cerveau de deux personnes de même âge), ou encore des facteurs pharmacologiques (prise de substances médicamenteuses pouvant retarder ou accélérer un phénomène compensatoire).

■ L'habileté motrice, l'aptitude à la prise de décisions ou le temps de réaction déclinent avec l'âge. Les capacités de remaniements se réduisent tout au long de la vie, de même que le nombre de cellules nerveuses. C'est donc un capital à préserver et entretenir. Ces pertes n'ont de conséquences notables chez l'individu qu'à compter de l'âge de 80 ans environ. À ce moment, le cerveau devient de plus en plus fragile. Malgré tout, la plupart des personnes s'acquittent de tâches intellectuellement astreignantes toute leur vie et conservent une capacité d'apprentissage, même après 100 ans.

À retenir !

- La plasticité cérébrale permet la récupération après une lésion du cortex moteur.
- Avec l'âge, la plasticité et le nombre de neurones diminuent.
- Il faut entretenir et préserver ce capital.

La photosynthèse au sein de la cellule chlorophyllienne

Les végétaux verts ont besoin de lumière. Elle leur permet de réaliser la photosynthèse et ainsi d'élaborer à partir de lumière et de matière minérale de la matière organique. Cette photosynthèse a lieu uniquement dans les cellules chlorophylliennes. Quelle est l'organisation de la cellule chlorophyllienne permettant la photosynthèse ?

1 La cellule chlorophyllienne

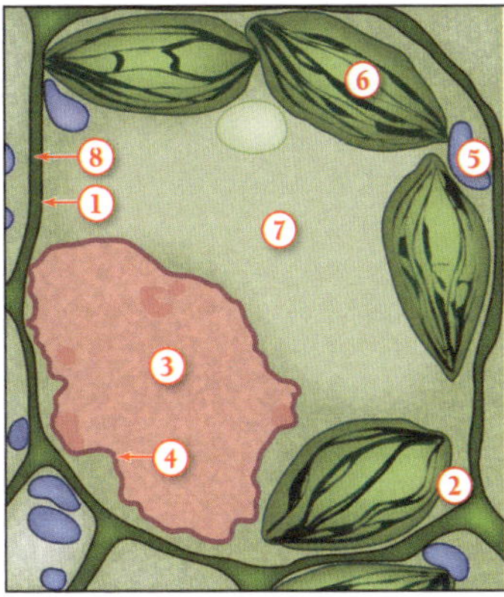

La cellule chlorophyllienne (feuille de tabac ; MET × 3 600).

■ Il est possible d'observer des feuilles de végétaux verts à l'aide de différents microscopes. On peut réaliser une observation au microscope optique de cellules chlorophylliennes. Les chloroplastes apparaissent colorés en vert, car riches en pigments chlorophylliens. Le microscope électronique à transmission révèle plusieurs organites dans une cellule chlorophyllienne : noyau, réticulum endoplasmique, mitochondrie, chloroplaste, vacuole.

■ Des plants d'élodées (végétal vert) sont placés les uns à la lumière, les autres à l'obscurité pendant plusieurs heures. Des feuilles sont récupérées et placées pendant 5 minutes dans de l'eau iodée. L'eau iodée est un colorant spécifique de l'amidon. Une observation microscopique des feuilles est ensuite effectuée : on constate que les chloroplastes des feuilles placées à l'obscurité demeurent entièrement verts. Par contre, l'intérieur des chloroplastes des feuilles placées à la lumière présente des taches brunes. Les chloroplastes apparaissent donc comme des organites essentiels dans la photosynthèse. Ils contiennent des pigments chlorophylliens et élaborent de la matière organique en présence de lumière.

2 Le chloroplaste

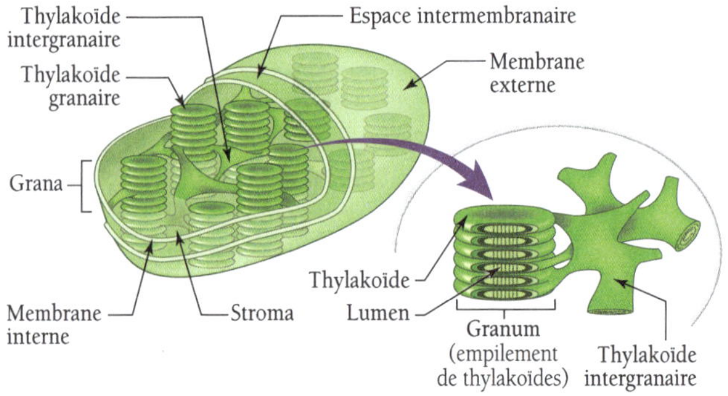

La structure du chloroplaste.

■ Le chloroplaste est un organite qui présente une organisation complexe. Son observation en microscopie électronique a permis de comprendre cette organisation. Il apparaît limité par deux membranes : une membrane externe et une membrane interne séparées par un espace intermembranaire. Ces deux membranes limitent un compartiment interne appelé le stroma. À l'intérieur du stroma, on trouve un réseau de membranes formant les thylakoïdes qui peuvent être empilés les uns sur les autres, formant les grana.

■ Chacun des éléments d'un chloroplaste possède une fonction propre :
– les membranes des thylakoïdes sont riches en pigments chlorophylliens et vont permettre la conversion de l'énergie lumineuse en énergie chimique utilisable par le chloroplaste ;
– dans le stroma, l'énergie chimique formée permet l'assimilation des matières minérales en matière organique.

■ Les mécanismes précis de la photosynthèse sont développés dans la fiche 52.

À retenir !

▪ **La cellule chlorophyllienne contient des chloroplastes dont l'organisation permet la conversion d'énergie lumineuse en énergie chimique et l'assimilation de matière minérale en matière organique.**

Les deux phases de la photosynthèse au sein du chloroplaste

Comment la photosynthèse se déroule-t-elle dans les chloroplastes ?

1 La phase photochimique

■ Les échanges gazeux de la photosynthèse sont connus : à la lumière, les cellules chlorophylliennes absorbent du dioxyde de carbone, CO_2, et rejettent du dioxygène, O_2.

■ En 1941, deux scientifiques, S. Ruben et M. Kamen, veulent comprendre d'où provient le dioxygène. Pour cela, ils utilisent l'isotope ^{18}O de l'oxygène. Ils marquent le CO_2 avec l'^{18}O et constatent que le dioxygène produit n'est pas marqué. Ils marquent alors l'eau fournie à la cellule et constatent que le dioxygène libéré est marqué. L'eau est donc à l'origine du dioxygène produit. Cette production est permise grâce à une photo-oxydation de l'eau.

■ Les pigments chlorophylliens de la membrane des thylakoïdes sont excitables par la lumière. Ils cèdent des électrons à une chaîne de molécules de la membrane. Ces électrons sont transférés jusqu'à un accepteur final, R, qui est alors réduit en RH_2.

■ Les électrons perdus par les pigments chlorophylliens sont récupérés à partir d'une oxydation de l'eau. H_2O est oxydée en ½ O_2 et $2H^+$.

■ La membrane des thylakoïdes contient aussi un complexe moléculaire appelé l'« ATP synthase ». L'énergie du transfert des électrons permet à ce complexe d'élaborer de l'ATP.

■ L'ATP est un nucléotide à adénine, sur lequel sont fixés trois groupements phosphate. Les liaisons des groupements sont riches en énergie. L'hydrolyse de ces liaisons permet de libérer de l'énergie utilisable. L'ATP est donc une forme d'énergie chimique.

2 La phase chimique

■ Au cours de la phase photochimique de la photosynthèse, il n'y a ni fixation du CO_2, ni synthèse de molécule organique. Ces deux événements forment la phase chimique de la photosynthèse. Ce sont deux scientifiques, M. Calvin et A. Benson, en 1950, qui ont permis de comprendre cette phase chimique. Pour cela, ils ont réalisé différentes expériences.

■ Ils fournissent du $^{14}CO_2$ à des chlorelles (algues vertes unicellulaires) éclairées pendant des temps différents, mais très courts.

Ils identifient les molécules formées : dans un premier temps de l'acide phosphoglycérique (APG, molécule à 3 carbones), puis diverses molécules composées d'atomes de carbone en nombre variable (dont des hexoses, sucres à 6 carbones), puis un sucre, le ribulose 1-5 diphosphate (RubiP), composé de 5 atomes de carbone.

■ Ils fournissent du $^{14}CO_2$ à des chlorelles éclairées. Puis, ils privent les algues de CO_2. Les scientifiques constatent que la quantité d'hexoses croît et celles de l'APG et du RubiP stagnent tant qu'il y a du CO_2. Lors de la privation en CO_2, la quantité d'hexoses se stabilise, celle d'APG diminue, alors que celle du RubiP augmente dans un premier temps, puis diminue par la suite.

■ Ils fournissent du $^{14}CO_2$ à des chlorelles éclairées. Puis, ils privent ces algues de lumière. Ils constatent que la quantité d'hexoses croît et celles de l'APG et du RubiP stagnent tant qu'il y a de la lumière. À l'obscurité, la quantité d'hexoses se stabilise, celle d'APG augmente, alors que celle du RubiP diminue.

■ L'analyse des résultats a permis aux deux scientifiques de tirer quelques conclusions :
– la phase chimique de la photosynthèse est couplée à la phase photochimique ; en effet, la phase chimique cesse dès que la lumière disparaît ;
– les résultats de la première et de la seconde expérience, lors de la privation de CO_2, montrent que la fixation du CO_2 conduit à la formation de l'APG ; cet APG participe à la formation du RubiP ;
– les résultats de la seconde expérience, à l'obscurité, montrent qu'il se forme de l'APG aux dépens du RubiP ;
– la fixation du CO_2 a donc lieu au cours d'un cycle, nommé le cycle de Calvin-Benson, qui fait intervenir plusieurs molécules : l'APG et le RubiP ; cette fixation permet la formation de différents hexoses.

■ Le cycle de Calvin-Benson peut donc être résumé ainsi : le dioxyde de carbone se fixe sur le RubiP, ce qui génère deux molécules d'APG. Ces deux APG forment des trioses phosphates (à 3 atomes de carbone) en utilisant les produits de la phase photochimique. De l'ATP est utilisé et le transporteur RH_2 est oxydé. Les trioses phosphates ont deux destinées : certains forment des hexoses qui quittent le cycle et sont utilisables par la cellule, par exemple, pour synthétiser de l'amidon ; d'autres participent à la régénération du RubiP en utilisant de l'ATP.

À retenir !

■ Au cours de la phase photochimique, il y a réduction de R en RH_2 et synthèse d'ATP.

■ Au cours de la phase chimique, RH_2 et ATP sont utilisés lors de la synthèse de molécules organiques à partir du CO_2.

Les réactions chimiques de la respiration des cellules eucaryotes

Comment la respiration se déroule-t-elle au sein des cellules ?

1 La mitochondrie

■ La respiration correspond à des échanges gazeux : prélèvement de dioxygène, O_2, et dégagement de dioxyde de carbone, CO_2. Ces échanges sont couplés à l'utilisation de glucose.

■ Sa réaction chimique globale peut être ainsi retenue, même si elle correspond à de nombreuses réactions chimiques :

$$C_6H_{12}O_6 \text{ (glucose)} + 6\ O_2 \longrightarrow 6\ CO_2 + 6\ H_2O$$

■ La respiration correspond à une oxydation complète du glucose. Il se forme des molécules minérales dans lesquelles le carbone est sous forme réduite. Elle est associée à la formation d'ATP.

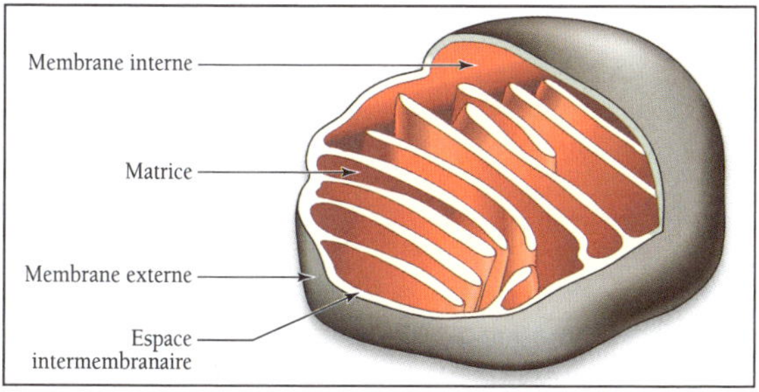

La structure de la mitochondrie.

■ Les mitochondries sont les organites essentiels de la respiration. Elles sont limitées par une double membrane, une externe et une interne, séparées par un espace intermembranaire. La membrane interne est repliée formant des crêtes mitochondriales baignant dans une matrice mitochondriale. La membrane interne et la matrice mitochondriale, par leurs constituants, jouent des rôles importants dans la respiration. La membrane interne, et donc les crêtes, contient des molécules formant la chaîne respiratoire et des complexes moléculaires : les ATP synthases. La matrice contient diverses enzymes intervenant dans le cycle de Krebs.

2 Les diverses étapes de la respiration

A. La glycolyse

■ Si l'on fournit directement du glucose à des mitochondries, la teneur en O_2 du milieu ne change pas. Les mitochondries ne sont pas capables d'utiliser le glucose. En revanche, si la même manipulation est réalisée en présence d'acide pyruvique, la teneur en dioxygène diminue. C'est donc l'acide pyruvique que les mitochondries utilisent. Il existe ainsi une étape préalable à la respiration au sens strict. Cette étape a lieu dans le cytosol. Il s'agit de la glycolyse qui est permise grâce à différentes enzymes cytosoliques.

■ Au cours de la glycolyse, le glucose est transformé en acide pyruvique. Certaines des étapes de la glycolyse sont couplées à la formation d'ATP à partir d'ADP et de phosphate inorganique, et à la réduction de transporteurs d'électrons, R'. La glycolyse est donc une oxydation.

Glucose		Acide pyruvique
$C_6H_{12}O_6$ + 2 R'	→	2 CH_3-CO-COOH + 2 R'H_2
2 ADP + 2 Pi	→	2 ATP

B. Le cycle de Krebs

Une fois formé, l'acide pyruvique entre dans la mitochondrie et gagne la matrice. Sur place, il subit une décarboxylation oxydative au sein du cycle de Krebs. L'oxydation de l'acide pyruvique se poursuit progressivement. Elle est couplée à la synthèse d'ATP et à la réduction de transporteurs d'électrons, R'.

Acide pyruvique		
2 CH_3-CO-COOH + 10 R'	→	6 CO_2 + 10 R'H_2
2 ADP + 2 Pi	→	2 ATP

C. La chaîne respiratoire

À l'issue de l'oxydation complète d'une molécule de glucose, 12 molécules de transporteurs R' ont été réduites en R'H_2. Ces transporteurs sont oxydés au niveau de la chaîne respiratoire et cèdent leurs électrons à cette chaîne qui les transfère jusqu'à un accepteur final, le dioxygène réduit en H_2O.

$$12\ R'H_2 + 6O_2 \longrightarrow 12\ R' + 12\ H_2O$$

D. La synthèse d'ATP au niveau de l'ATP synthase

L'énergie du transfert des électrons au sein de la chaîne respiratoire permet la synthèse d'ATP par l'ATP synthétase. L'oxydation des 12 transporteurs d'électrons permet la formation de 32 ATP.

À retenir !

- Dans le cytosol, le glucose est oxydé en acide pyruvique.
- L'acide pyruvique est oxydé en CO_2 dans la matrice mitochondriale.
- Ces oxydations permettent la synthèse d'ATP.

La production d'ATP et la vie de la cellule

La respiration et la photosynthèse permettent la synthèse d'ATP. Comment la cellule utilise-t-elle cette molécule ?

1 L'ATP

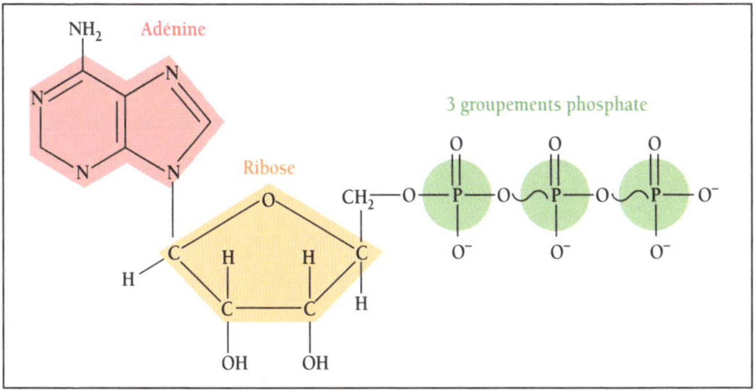

La molécule d'ATP.

■ L'ATP, ou adénosine triphosphate, est un nucléotide constitué de ribose et d'adénosine. Trois groupements phosphate sont portés par le nucléotide.

■ L'hydrolyse de l'ATP en ADP (adénosine diphosphate) et Pi (phosphate inorganique) libère de l'énergie utilisable par la cellule.

Notion-clé
On estime que l'hydrolyse d'une mole d'ATP libère 30,5 kJ.

2 La production d'ATP dans le cadre de la respiration

■ L'ATP est indispensable à la vie cellulaire. La cellule doit donc en reformer en permanence. La respiration permet une production selon deux voies :
– au sein de la glycolyse et du cycle de Krebs, certaines réactions sont libératrices d'énergie, elles permettent la formation directe d'ATP lorsqu'elles ont lieu ;
– l'ATP synthétase utilise l'énergie du transfert des électrons dans la chaîne respiratoire pour synthétiser de l'ATP.

■ Il est possible d'établir un bilan de la respiration :
– au cours de la glycolyse, 2 molécules d'ATP sont formées ;
– le cycle de Krebs permet la formation de 2 nouvelles molécules d'ATP ;

– l'ATP synthétase permet la formation de 32 molécules d'ATP.
L'énergie récupérée lors de l'oxydation d'une molécule de glucose permet donc la formation de 36 ATP.
L'essentiel de l'ATP est formé grâce à l'énergie du transfert des électrons récupérée par l'ATP syntase.
Toutefois, le rendement énergétique de la respiration n'est que de 40 %. En effet, l'essentiel de l'énergie contenue dans la molécule de glucose est dispersé sous forme de chaleur.

3 ATP et vie cellulaire

■ L'ATP est donc une ressource énergétique qui permet de nombreuses réactions non spontanées dans la cellule. Dans le cadre de la photosynthèse, elle permet le couplage entre les phases photochimique et chimique.

■ L'ATP est utilisée comme intermédiaire énergétique pour permettre la synthèse de diverses molécules. L'amidon est une forme de réserve de glucose. Il est synthétisé dans les cellules des organes de réserve végétaux à partir de glucose. Pour que la synthèse puisse avoir lieu, le glucose doit être activé. Cette activation correspond à la fixation de phosphate sur le glucose. Elle est réalisée à partir de l'ATP.

■ Toutes les cellules présentent des gradients ioniques nécessaires à leur fonctionnement. Ce gradient correspond à une différence de concentrations entre le cytoplasme et le milieu extracellulaire. Parmi ces gradients, deux sont vitaux pour la cellule : le gradient sodique et le gradient potassique. On peut retenir que le sodium, Na^+, est globalement en plus grande concentration à l'extérieur de la cellule qu'à l'intérieur. Pour le potassium, c'est l'inverse, sa concentration est plus importante dans le cytoplasme qu'à l'extérieur. Pour maintenir ces deux gradients, les cellules utilisent des pompes sodium-potassium, Na^+-K^+, localisées dans les membranes cytoplasmiques et qui utilisent l'énergie libérée par l'hydrolyse de l'ATP. Cette hydrolyse est fondamentale.

Exemple-clé
On estime que 25 % de la production quotidienne d'ATP sont utilisés pour le fonctionnement des pompes Na^+/K^+.

À retenir !

- L'ATP est une énergie chimique.
- La cellule la produit dans les mitochondries au cours de la respiration.
- L'ATP est utilisée par la cellule pour assurer son fonctionnement.

Processus fermentaires et production d'ATP

Comment produire de l'énergie par le processus fermentaire ?

1 Mise en évidence de la fermentation

■ Les levures sont des organismes aptes à vivre dans un milieu aérobie ou anaérobie. Lorsque des levures sont placées dans un milieu aérobie et qu'on leur fournit du glucose, il est possible de mettre en évidence une consommation de dioxygène et de glucose, et un dégagement de dioxyde de carbone, CO_2 : les levures respirent et se multiplient dans le milieu.

Mots-clés

Aérobie : qui contient du dioxygène.

Anaérobie : qui ne contient pas de dioxygène.

■ Si ces levures sont placées dans un milieu anaérobie en présence de glucose, celui-ci est consommé, un dégagement de CO_2 a lieu ainsi qu'une production d'un alcool, l'éthanol. Ces levures réalisent alors la fermentation alcoolique. Une multiplication des levures a lieu, mais en quantité moindre que dans le milieu aérobie.

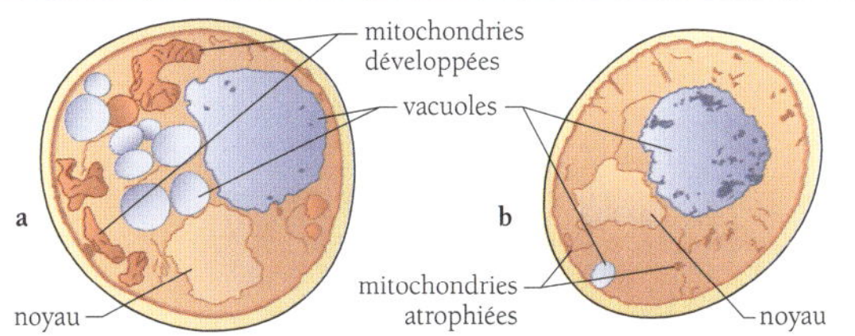

Ultrastructure des levures en milieu aérobie (a) et en milieu anaérobie (b).

■ Si l'on observe les levures des deux milieux au microscope optique, on constate que les levures du milieu aérobie présentent des mitochondries bien développées, alors que les levures du milieu anaérobie présentent des mitochondries atrophiées. Ces observations mettent en évidence que le processus fermentaire est cytosolique et non associé aux mitochondries.

2 Les processus fermentaires

■ Il existe de nombreuses fermentations qui sont caractérisées par les produits qu'elles forment et qui leur confèrent leur nom.

■ De nombreuses fermentations se font en milieu anaérobie ; toutefois, certaines peuvent avoir lieu en aérobiose.

■ Les fermentations permettent toutes l'oxydation d'une molécule organique (le glucose), mais cette oxydation est incomplète : elle forme un déchet organique qui est évacué hors de la cellule.

■ Les fermentations débutent toutes par la glycolyse dont le bilan est connu (voir fiche 53). Le glucose est transformé en acide pyruvique. Au cours de la transformation, certaines étapes permettent la formation d'ATP et la réduction de transporteurs d'électrons, R'.

Glucose		Acide pyruvique
$C_6H_{12}O_6 + 2\ R'$	$\longrightarrow$	$2\ CH_3\text{-}CO\text{-}COOH + 2\ R'H_2$
$2\ ADP + 2\ Pi$	$\longrightarrow$	$2\ ATP$

■ Dans la cellule, la quantité du transporteur d'électrons sous forme oxydée, R', est limitée. La forme réduite, $R'H_2$, doit donc être à nouveau oxydée pour assurer la glycolyse et la production d'ATP. Cette « réoxydation » des transporteurs se fait par la succession des fermentations.

■ Deux fermentations sont à connaître dont les bilans sont les suivants :

– la fermentation alcoolique :

$$\underset{\text{Acide pyruvique}}{2\ CH_3\text{-}CO\text{-}COOH} + 2\ R'H_2 \longrightarrow 2\ CO_2 + 2\ \underset{\text{Éthanol}}{C_2H_5OH} + 2\ R'$$

– la fermentation lactique :

$$\underset{\text{Acide pyruvique}}{2\ CH_3\text{-}CO\text{-}COOH} + 2\ R'H_2 \longrightarrow \underset{\text{Acide lactique}}{2\ CH_3\text{-}CHOH\text{-}COOH} + 2\ R'$$

■ Les réactions de ces fermentations permettent l'oxydation du transporteur d'électrons, mais ne permettent pas la formation d'ATP.

3 Bilans énergétiques fermentaire et respiratoire

■ La respiration, à partir d'une molécule de glucose, permet la formation de 36 molécules d'ATP. Son rendement est de 40 %.

■ En revanche, les fermentations sont beaucoup moins efficaces dans la production d'énergie. En effet, le processus fermentaire ne permet la formation que de 2 molécules d'ATP. Cette production a lieu lors de la glycolyse. Le rendement des fermentations n'est que de 2 %. Ce faible rendement explique la faible multiplication des levures en condition anaérobie.

À retenir !

- Les fermentations sont des oxydations incomplètes du glucose. Elles conduisent à la formation de « déchets ».
- Elles commencent toutes par la glycolyse qui seule permet la production d'ATP.

La fibre musculaire utilise l'ATP

Le muscle, constitué de fibres musculaires, est un grand consommateur d'ATP. Comment la fibre musculaire peut-elle se contracter ?

1 La contraction musculaire

■ Les muscles squelettiques sont constitués de plusieurs centaines de cellules allongées, parallèles les unes aux autres qui sont les fibres musculaires. Ces fibres présentent un diamètre de 10 à 100 µm et font la longueur du muscle. Elles contiennent plusieurs noyaux. Leur cytoplasme comporte de nombreuses mitochondries et un matériel contractile organisé en myofibrilles.

■ Chaque myofibrille est constituée de filaments fins, de filaments épais et de filaments élastiques (au niveau des disques Z) organisés en motifs répétitifs et géométriques, les sarcomères.

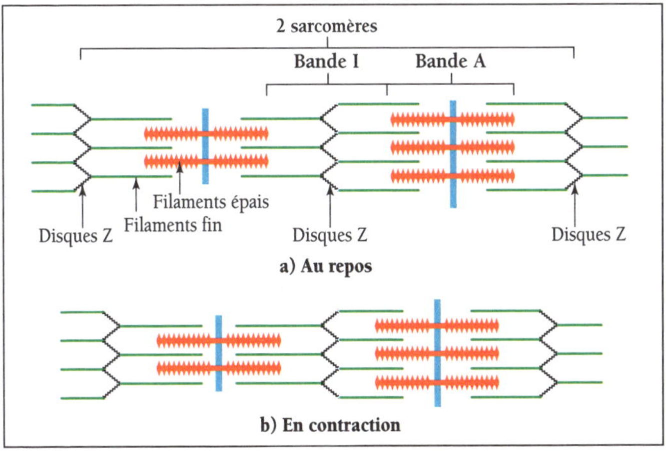

L'organisation du sarcomère au repos (a) et en contraction (b).

■ Lorsque l'on observe une fibre musculaire au microscope optique, on distingue dans les myofibrilles une alternance de bandes sombres (A) et de bandes claires (I). Au microscope électronique, l'observation permet d'obtenir un détail plus précis des myofibrilles. Un sarcomère est constitué de deux demi-bandes I encadrant la bande A. Deux sarcomères voisins sont reliés au niveau des disques Z. Les bandes sont dues à la disposition des filaments. Au niveau des bandes I, on ne trouve que les filaments fins reliés au niveau des disques Z. Les bandes A sont constituées d'un enchevêtrement de filaments fins et épais. Les filaments épais sont reliés de part et d'autre aux disques Z par des filaments élastiques.

- Les filaments fins sont principalement constitués d'une protéine, l'actine. Les filaments épais sont constitués de nombreuses unités de nature protéique, la myosine. Chaque myosine présente une tête pivotante en périphérie du filament.
- Lorsque la fibre musculaire se contracte, on observe un raccourcissement de tous les sarcomères qui la constituent. Les bandes A demeurent de même longueur, les bandes I sont plus étroites.
- Les têtes de myosines sont capables de se fixer à l'actine. Cette fixation a lieu à 90°. Puis les têtes pivotent à 45°, alors les filaments épais coulissent le long des filaments fins d'actine.
- De part et d'autre des filaments épais, les myosines ont une orientation opposée. Ainsi, lors de la contraction, les extrémités de chaque filament épais se rapprochent du disque Z. Les bandes I raccourcissent.
- Les têtes peuvent se fixer et pivoter plusieurs fois de suite, ce qui permet une contraction de plus en plus intense.

2 L'utilisation de l'ATP par les fibres musculaires

- Le raccourcissement des sarcomères est rendu possible par la fixation de chaque tête de myosine sur l'actine, puis de son pivotement lorsqu'elle est fixée. À chaque fois qu'une tête de myosine se fixe à l'actine, puis pivote, elle consomme une molécule d'ATP.
- Il faut donc une grande quantité d'ATP lorsque le muscle se contracte. Il existe plusieurs voies de régénération de l'ATP.
- Lors d'un exercice intense et bref le système sanguin ne permet pas d'apporter assez rapidement du dioxygène aux muscles en activité. Le muscle utilise alors le glucose (à partir du glycogène musculaire) selon la voie fermentaire. De l'ATP et de l'acide lactique sont produits. Cette voie de production ne permet des exercices physiques que de courte durée.
- Lors d'un exercice d'endurance, le système sanguin permet d'apporter assez de dioxygène aux muscles. La respiration cellulaire peut se mettre en place. De grandes quantités d'ATP sont produites pour permettre un exercice long. Le glucose consommé provient donc du glycogène musculaire, mais aussi de la circulation sanguine.

À retenir !

- Les fibres musculaires contiennent des myofibrilles constituées de filaments organisés en sarcomères.
- Ces sarcomères ont une organisation moléculaire qui permet leur raccourcissement grâce à de l'ATP.

l'atp joue un rôle majeur dans les couplages énergétiques

Pour fonctionner, les cellules utilisent de l'ATP. Cette molécule permet des couplages énergétiques. Comment l'ATP permet-elle les couplages énergétiques ?

1 Le cas de la cellule chlorophyllienne

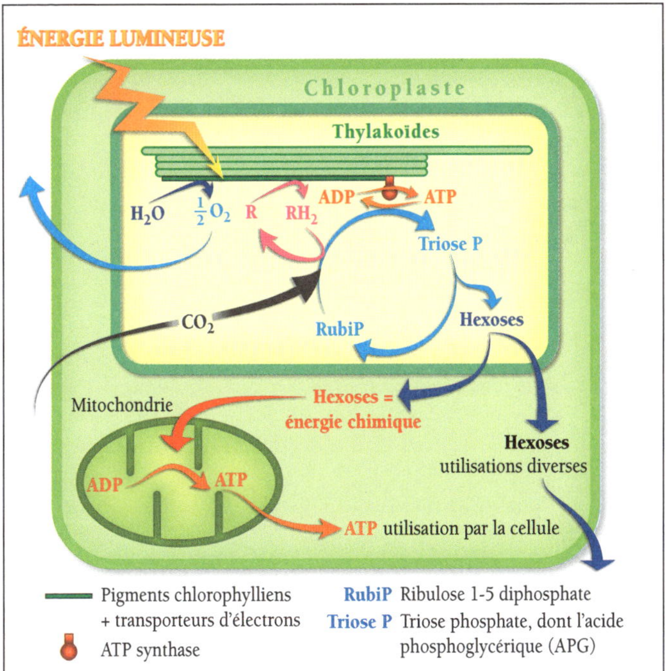

ATP et couplages énergétiques dans la cellule chlorophyllienne.

■ La cellule chlorophyllienne est capable d'utiliser comme source d'énergie, l'énergie lumineuse. Elle la convertit en énergie chimique que sont les hexoses comme le glucose. Pour cela, elle utilise un intermédiaire énergétique, l'ATP, élaboré au cours de la photosynthèse. Le glucose, via la voie de la respiration, permet à nouveau la formation d'ATP utilisable par la cellule.

■ L'ATP permet donc un couplage énergétique entre énergie lumineuse et énergie chimique.

2 L'utilisation de l'ATP par les fibres musculaires

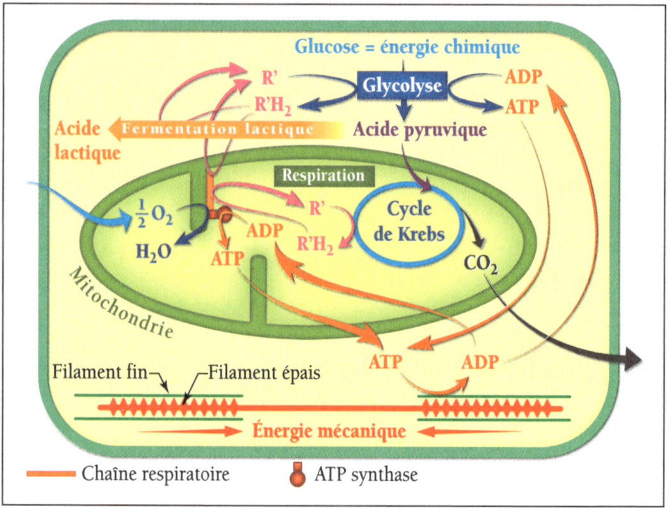

ATP et couplages énergétiques dans la fibre musculaire.

■ Les cellules non chlorophylliennes, qu'elles soient animales ou végétales, utilisent comme source d'énergie la matière organique qui est source d'énergie chimique. Le plus souvent, il s'agit de glucose. Cette énergie, via la fermentation ou la respiration cellulaire, permet la formation d'ATP, nécessaire à de nombreuses réactions dans la cellule.

■ Dans la fibre musculaire, l'ATP permet le coulissage des filaments épais de myosine sur les filaments fins. Elle est donc à l'origine d'une énergie mécanique. Dans la fibre musculaire, l'ATP permet donc la transformation d'une énergie potentielle chimique par couplage de réaction.

À retenir !

- La cellule chlorophyllienne convertit l'énergie lumineuse en énergie chimique puis en ATP.
- Les cellules non chlorophylliennes convertissent l'énergie chimique consommée en ATP.

Les glaces, archives des climats passés

Fiche 58

Pour reconstituer au moins en partie le climat du passé, il est nécessaire que la température ou la pluviométrie aient été enregistrées. Comment les paléoclimatologistes ont-il pu reconstituer le climat du passé en étudiant la glace ?

1 L'analyse isotopique de l'oxygène composant la molécule d'eau

> **Mot-clé**
> Le δD mesure le rapport $^1H/^2H$ dans les glaces. Il varie dans le même sens que la température.

■ L'eau formant la glace peut être présente sous différentes formes isotopiques dont les plus abondantes sont $H_2{}^{16}O$ et $H_2{}^{18}O$. Ces molécules diffèrent par leur masse. Pour cette raison, leurs proportions vont changer au cours des processus d'évaporation et de condensation. On exprime ce fractionnement à l'aide de la composition isotopique $\delta^{18}O$ qui correspond à $(H_2{}^{18}O/H_2{}^{16}O)_{ech}/(H_2{}^{18}O/H_2{}^{16}O)_{smow} - 1$, où smow est la composition moyenne de l'océan.

■ Au cours de son transport vers les pôles, l'air humide se refroidit et son eau se condense, laissant retomber préférentiellement les isotopes lourds. La phase vapeur s'enrichit alors en isotopes légers. Par conséquent, lorsque de la neige tombe sur les pôles, elle est très appauvrie en isotopes lourds. L'analyse isotopique de l'oxygène de la glace elle-même permet de déterminer la température des basses couches atmosphériques où la neige s'est formée.

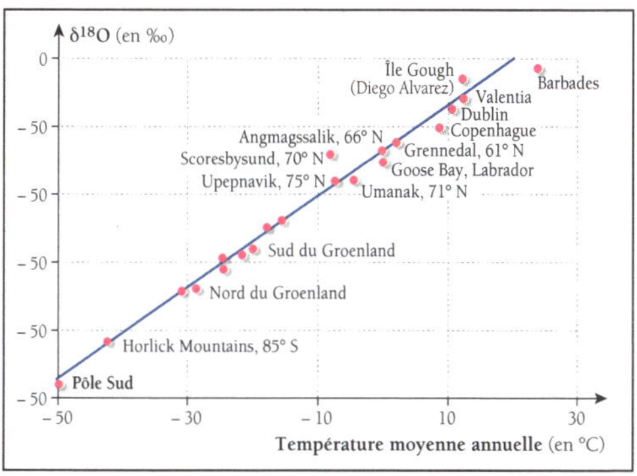

δ18O mesuré dans les précipitations en fonction de la température annuelle moyenne.

■ Des mesures récentes montrent que la composition isotopique de la neige des calottes polaires dépend linéairement de la température de l'air. Il est ainsi possible de déduire la température de l'air à partir des mesures du $\delta^{18}O$ sur une carotte de glace.

■ La glace est donc un excellent support d'enregistrement paléoclimatique. Elle peut être échantillonnée dans les glaciers de montagne et dans les calottes polaires. Pour dater la glace, on utilise les poussières volcaniques emprisonnées qui sont elles-mêmes datées grâce à des carottes de sédiments marins. Les plus longs carottages ont traversé plus de 3 kilomètres de glace et permis de remonter dans le temps de plus de 800 000 ans.

2 L'analyse des bulles d'air emprisonnées dans la glace

■ Les bulles d'air emprisonnées à l'époque où la glace s'est formée constituent un témoignage permettant aux paléoclimatologistes de connaître la composition atmosphérique au cours du temps.

■ L'air ambiant, qui remplit les interstices entre les particules de neige, est piégé sous forme de bulles au fur et à mesure que la neige se tasse et se transforme en glace compacte. L'analyse chimique et géochimique des gaz contenus dans ces bulles d'air (notamment O_2, CO_2, CH_4) permet de reconstituer l'évolution de l'atmosphère durant le dépôt de la glace. De nombreux autres témoignages relatifs à l'évolution du climat et de l'environnement terrestre peuvent être extraits de la glace : l'abondance des poussières transportées par les vents peut être considérée comme un indicateur de l'étendue des déserts à la surface du globe, de nombreux éléments chimiques donnent des renseignements variés, les variations d'abondance en métaux lourds sont aussi, par exemple, de bons indicateurs de l'activité industrielle humaine.

■ Les études physique, chimique et géochimique des glaces ont ainsi fourni de nombreux enseignements concernant l'évolution des climats.

à retenir !

- Les rapports isotopiques dans les glaces, δD et $\delta^{18}O$ sont des thermomètres isotopiques. Ils varient dans le même sens que les températures.
- Il existe d'autres marqueurs des variations climatiques récentes.

Variations récentes de la composition de l'atmosphère

■ Outre la glace, tout ce qui, d'une façon ou d'une autre, est susceptible d'être modifié par l'action du climat et de garder la trace de cette modification constitue un support d'enregistrement climatique. Ces supports sont divers et les indicateurs qu'ils peuvent fournir, extrêmement variés, permettent de retracer les évolutions climatiques. Quels sont les autres indicateurs climatiques utilisés pour reconstituer les paléoclimats ?

1 Les données fournies par l'étude des carottes sédimentaires

■ Lors des périodes glaciaires, une quantité importante de l'isotope léger de l'oxygène (^{16}O) reste prisonnier des calottes glaciaires. En conséquence, la composition isotopique, $\delta^{18}O$, augmente dans l'eau de mer lorsque la température globale diminue, car l'eau de mer s'enrichit en ^{18}O.

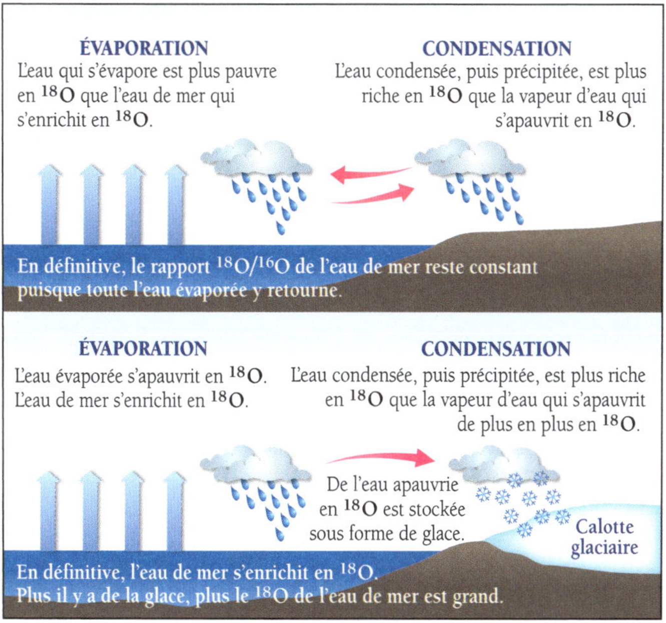

Effet sur le $\delta^{18}O$ de l'évaporation de l'eau de mer et de son stockage dans les glaces.

■ La composition isotopique des carbonates dépend de la température de l'eau et de la composition isotopique de l'eau de mer au moment de leur précipitation. En ne s'intéressant qu'aux espèces de grande profondeur, vivant là où la température de l'eau reste constamment basse, le $\delta^{18}O$ des tests de foraminifères benthiques indique les variations du volume des glaces et du niveau des océans ayant affecté notre planète.

2 Les données fournies par la palynologie

■ La palynologie est l'étude des pollens et des spores. En considérant que les espèces d'autrefois avaient les mêmes exigences climatiques que les espèces actuelles (principe de l'actualisme), l'étude des pollens fossiles permet d'identifier les peuplements végétaux qui se sont succédé au cours du temps dans une région donnée.

■ L'étude du diagramme pollinique de la tourbière de la Grande-Pile permet de suivre l'effet des grandes variations climatiques sur le paysage végétal. Les périodes où les plantes herbacées sont majoritaires correspondent au développement des steppes durant les périodes glaciaires arides. Les périodes où les végétaux arborés dominent correspondent à des intervalles moins froids et plus humides.

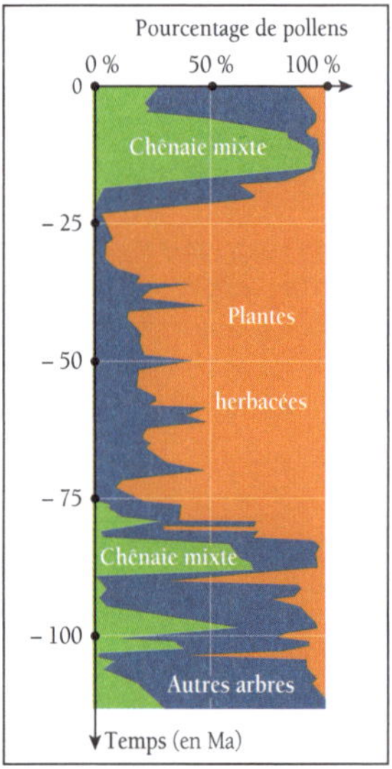

Diagramme pollinique de la tourbière de la Grande-Pile (Saint-Germain, Haute-Saône, France).

■ Les renseignements fournis par l'étude du $\delta^{18}O$ des calottes glaciaires, du $\delta^{18}O$ des carbonates et des pollens, indiquent de façon complémentaire l'existence de variations climatiques avec des alternances de périodes glaciaires et interglaciaires durant les 800 000 dernières années.

À retenir !

▪ D'autres indices, en plus des données isotopiques évoquées dans la fiche 58, permettent de repérer les périodes glaciaires et interglaciaires passées : les roches sédimentaires, les données polliniques.

Les facteurs influençant l'évolution du climat global de la Terre

Fiche 60

Les modifications du climat global de la Terre au cours du temps ne sont pas contestables. Les causes de ces modifications sont multiples, s'exerçant à des échelles de temps variées. Quelles sont les causes possibles de l'évolution du climat global de la Terre au cours du temps ?

1 L'effet de serre, un facteur influençant le climat global

■ 30 % du rayonnement solaire incident arrivant sur la Terre est réfléchi par les nuages, la glace, les régions désertiques et certains aérosols. Le reste est absorbé par l'atmosphère, le sol et les océans qui s'échauffent et émettent des rayonnements infrarouges.

■ Les éruptions volcaniques, en projetant dans l'atmosphère des quantités parfois considérables de très fines particules de gaz et de cendres volcaniques, peuvent réduire le rayonnement solaire incident.

Exemple-clé
L'éruption d'un volcan des Philippines, en 1991, a entraîné pendant 2 ou 3 ans une baisse moyenne de température de 0,3 °C.

■ À l'inverse, la présence de certains gaz dits à effet de serre absorbant les rayonnements infrarouges, provoque un réchauffement atmosphérique. Les variations de la concentration de ces gaz peuvent être naturelles ou artificielles. Ces variations mettent en jeu les cycles géochimiques des éléments de ces gaz. Toute modification dans un des éléments de ce cycle peut se traduire par un effet climatique. Certaines donnent lieu à des rétroactions. Par exemple, une augmentation de la concentration en CO_2 doit conduire, par effet de serre, à un réchauffement de l'atmosphère, induisant un accroissement de l'évaporation des eaux marines, une augmentation de la concentration en vapeur d'eau, donc un accroissement encore plus fort de l'effet de serre : il s'agit là d'une rétroaction positive. Une rétroaction négative pourra s'observer, à partir des mêmes causes, au niveau de la végétation : une augmentation de la température et de la concentration en CO_2 favorisant le développement des forêts, va provoquer une diminution de la concentration du dioxyde de carbone suite à la photosynthèse. L'effet de serre devrait alors être moins intense et la température devrait diminuer.

■ Le climat global d'une planète dépend donc en partie de la composition de son atmosphère en gaz à effet de serre comme le CO_2.

2 D'autres facteurs à l'origine de l'évolution du climat de la Terre

■ L'orbite de la Terre obéit aux lois de Kepler. En raison de l'attraction de la Lune et des autres planètes, la révolution de la Terre autour du Soleil n'est pas parfaitement périodique. Les paramètres orbitaux de la Terre varient en fonction de trois facteurs :
– l'excentricité (caractère plus ou moins elliptique de l'orbite terrestre) ;
– l'obliquité (angle caractérisant l'inclinaison de l'axe de rotation de la Terre par rapport au plan de l'écliptique) ;
– la précession des équinoxes (déplacement de la position des équinoxes le long de l'orbite terrestre).

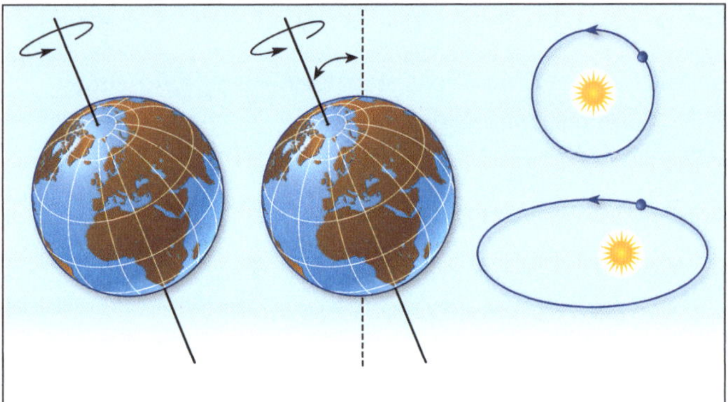

Les éléments variables de l'orbite terrestre : précession, obliquité, excentricité.

■ Les changements des paramètres astronomiques au cours du temps entraînent des variations rythmiques de l'énergie reçue par la Terre de l'ordre de 0,1 %, qui semblent à l'origine de l'alternance des phases glaciaires et interglaciaires durant les 800 000 dernières années.

À retenir !

■ La composition de l'atmosphère influence la température globale de la Terre, c'est le cas des gaz à effet de serre.

■ Les paramètres orbitaux ont également un impact sur cette température globale.

Ens. de spécialité

L'évolution du climat de la planète dans le futur

Fiche 61

La prévision des climats du futur est un enjeu à la fois scientifique et sociétal. L'identification des paramètres qui contrôlent le climat de la Terre est essentielle pour construire des modèles de l'évolution du climat dans le passé qui permettront de simuler le futur. Quelle sera l'évolution du climat de la Terre dans le futur ?

1 Gaz à effet de serre et réchauffement climatique

- Les variations des concentrations atmosphériques de gaz à effet de serre (GES) et d'aérosols, du couvert terrestre et du rayonnement solaire influent sur le bilan énergétique du système climatique et contribuent aux changements climatiques.
- Sous l'effet des activités humaines, les concentrations atmosphériques de dioxyde de carbone, CO_2, le principal gaz à effet de serre, se sont fortement accrues depuis 1850. La cause première de la hausse de la concentration de CO_2 est l'utilisation de combustibles fossiles.
- Le réchauffement général de l'atmosphère et de l'océan observé, confirme qu'il est hautement improbable que les changements climatiques planétaires des 50 dernières années soient dus à des causes naturelles connues. Aucun modèle ne tenant compte que des variations naturelles connues n'a reproduit les tendances moyennes au réchauffement pour la seconde moitié du XXe siècle. Au contraire, ces modèles prévoient un refroidissement du climat.

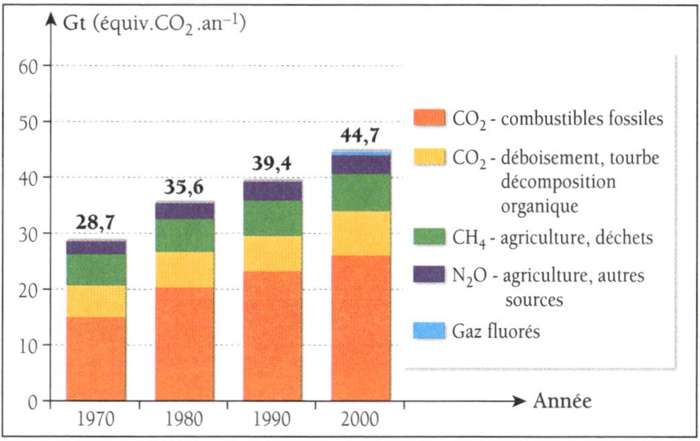

Émissions annuelles de GES anthropiques dans le monde, entre 1970 et 2004.

2 L'évolution du climat dans le futur

■ Les simulations prenant en compte l'impact de l'activité humaine et la variabilité naturelle du climat indiquent un réchauffement de la température moyenne du globe de l'ordre de 2 à 5 °C pour 2100. L'incertitude provient de la difficulté de prédire les politiques visant à réduire les émissions de gaz à effet de serre mises en place à l'échelle mondiale.

■ Le GIEC a étudié différentes projections d'émissions de gaz à effet de serre en fonction de six hypothèses de croissance économique et démographique. Selon les cas, le réchauffement climatique associé à ces projections les plus « pessimistes » devrait être de l'ordre de 4,9 °C à 6,1 °C à la fin du XXIe siècle par rapport à la période préindustrielle. Même si l'on parvenait à stabiliser les concentrations de GES, le réchauffement anthropique et l'élévation du niveau de la mer se poursuivraient pendant des siècles en raison des échelles de temps propres aux processus et aux rétroactions climatiques.

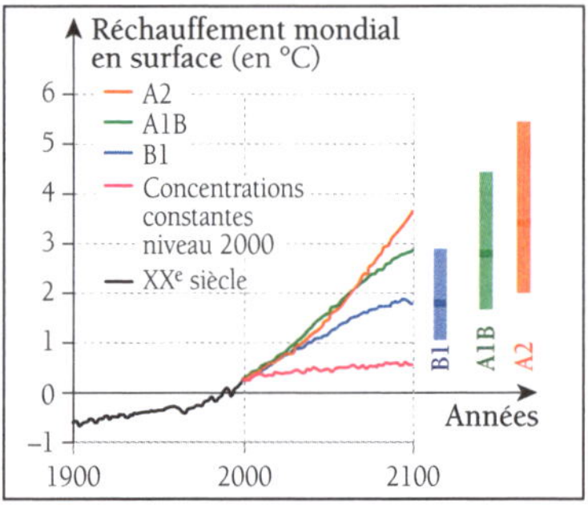

Projections relatives au réchauffement à la surface du globe selon plusieurs modèles.

Mot-clé

Réchauffement anthropique : réchauffement global dû à l'activité humaine.

■ Si le réchauffement moyen du globe dépasse 2 à 4 °C, l'inlandsis groenlandais disparaîtrait, entraînant une élévation du niveau de la mer de quelque 7 m.

■ La poursuite des émissions de gaz à effet de serre au rythme actuel, voire supérieur, provoquerait un réchauffement supplémentaire et entraînerait de nombreuses modifications du système climatique mondial au cours du XXIe siècle qui seraient plus importantes que celles observées au cours du XXe siècle.

À retenir !

- Des modèles prédisent le climat futur de la Terre.
- Ils prennent en compte la production d'origine anthropique des gaz à effet de serre (GES).
- Selon les modèles, l'augmentation de la température est plus ou moins importante.

L'atmosphère initiale de la Terre

L'atmosphère initiale de la Terre était différente de l'atmosphère actuelle. L'histoire de cette transformation se trouve inscrite dans les roches sédimentaires, et dans une moindre mesure, dans les roches magmatiques. Comment a évolué l'atmosphère terrestre durant le premier milliard d'années ? Quels sont les indices permettant de le savoir ?

1 La formation d'une atmosphère primitive

■ Bien que la Terre se soit formée il y a 4,57 Ga, on ne connaît pas de roche aussi ancienne. Quelques zircons remaniés découverts en Australie ont été datés de 4,36 Ga. Les premières roches connues, d'origine magmatique et datées de 4,28 Ga, ont été trouvées près de la baie d'Hudson, au Canada. Seul un raisonnement basé sur des études physico-chimiques, étayé par l'étude de l'état de l'atmosphère des autres planètes du système solaire, permet de reconstituer le paléoclimat de la Terre durant le premier milliard d'années de son existence.

■ Dans le système solaire, la Terre est unique parmi les planètes rocheuses. Malgré une distance au Soleil et des températures très différentes, Vénus et Mars ont pratiquement la même composition atmosphérique avec plus de 95 % de CO_2, un faible pourcentage d'azote et moins de 1 % de dioxygène. L'atmosphère terrestre, en revanche, est très appauvrie en CO_2 (0,3 %), alors que le dioxygène est présent à plus de 20 %.

	Vénus	Mars	Terre
CO_2	96,5 %	96,3 %	0,035 %
N_2	3,5 %	2,70%	78,08 %
SO_2	150 ppm*		
Ar	70 ppm	1,60 %	0,934 %
CO	30 ppm	0,27 %	
H_2O	20 ppm	0,03 %	5300 ppm
O_2		0,13 %	20,95 %

*ppm = partie par million.

Comparaison de la composition atmosphérique des planètes rocheuses du système solaire.

■ Une atmosphère primitive a dû exister, formée par les gaz du nuage stellaire et par ceux issus d'un volcanisme très actif. Cette atmosphère contenait essentiellement de l'hydrogène, de l'hélium, du néon, de l'argon...). Une partie de ces gaz a quitté rapidement l'atmosphère en s'échappant dans l'espace, d'autres ont réagi avec les laves en formant alors des minéraux.

2 Évolution de l'atmosphère primitive

Notion-clé
La composition de l'atmosphère initiale de la Terre (– 4 Ga) est proche de celle de Mars et Vénus.

■ La luminosité du Soleil vers 4 Ga était beaucoup plus faible (20 à 30 %) qu'aujourd'hui. Cette faible luminosité aurait dû entraîner des températures en dessous de 0 °C, incompatibles avec la présence d'eau liquide. La présence de roches sédimentaires datées de 3,8 Ga invalide cette idée car la formation de roches sédimentaires nécessite la présence d'eau liquide (la sédimentation ne se fait que dans un milieu liquide). Des indications sur la température des océans peuvent être trouvées grâce à l'étude géochimique de leurs dépôts. Les roches siliceuses, très abondantes à ces époques, sont susceptibles de fournir des indicateurs paléoclimatiques fiables. L'analyse de ces roches, utilisées comme paléothermomètres, montre que vers 3,5 Ga, la température des eaux était de l'ordre de 70 °C. Pour résoudre ce paradoxe, un effet de serre très important a dû se produire. L'atmosphère a dû se concentrer en vapeur d'eau, en dioxyde et oxyde de carbone, en diazote, ainsi qu'en méthane fournis par les volcans à des pressions pouvant atteindre plusieurs centaines de fois la pression atmosphérique totale actuelle.

■ Cette atmosphère, qui a pu se maintenir plusieurs centaines de millions d'années, était donc à l'époque pratiquement dépourvue de dioxygène, le peu qui s'y formait étant issu de la décomposition de la vapeur d'eau par les rayons ultraviolets solaires qui, de plus, en transformaient une partie en ozone filtrant peu à peu ces mêmes ultraviolets.

■ Par ailleurs, des apports externes par bombardements de météorites intenses jusque vers – 3,8 milliards d'années, ont pu en modifier de façon encore mal connue la composition. La vapeur d'eau, en se condensant, a engendré les pluies qui sont à l'origine des océans.

■ Des données indirectes permettent de recouper les informations précédentes. On peut évaluer les teneurs initiales en CO_2 de l'atmosphère en calculant les quantités de celui-ci stockées dans les roches carbonatées terrestres. Cette méthode fournit des pressions initiales de CO_2 près de 100 000 fois supérieures à celle actuelle.

À retenir !

- L'atmosphère primitive de la Terre, vers – 4 Ga, contient du CO_2 et de l'H_2O vapeur.
- Ces gaz sont à l'origine d'un effet de serre qui permet la condensation de l'H_2O à l'origine de l'océan primitif.

Le passage de l'atmosphère primitive à l'atmosphère oxydante

Fiche 63

L'atmosphère initiale de la Terre était différente de l'atmosphère actuelle. En quoi l'apparition d'organismes photosynthétiques a-t-elle changé radicalement la composition atmosphérique de la Terre ?

1 L'apparition de la vie

Les plus anciens témoignages de vie sont d'ordre biogéochimique avec des inclusions de kérogènes enrichis en ^{12}C contenus dans des apatites (phosphates) trouvés dans des roches du Groenland (à Isua), datées de 3,8 Ga. Dans ces premières roches sédimentaires connues, on a trouvé des globules de graphite dont le rapport isotopique ^{13}C /^{12}C, très bas, est considéré comme un indicateur de l'existence d'un métabolisme cellulaire. Dans l'ouest de l'Australie et au Zimbabwe, des traces de vie datée de – 3,4 Ga ont été découvertes sous forme de structures biosédimentaires, appelées stromatolithes. Il s'agit, par analogie avec des formes de vie actuelles, de dépôts calcaires précipités autour de filaments de bactéries photosynthétiques. Des microorganismes analogues à des bactéries bourgeonnantes et à des algues ont été découverts dans des silex datés de – 2,5 Ga.

2 Le changement de composition de l'atmosphère entre – 2,5 et – 2 Ga

■ Plusieurs arguments soutiennent l'hypothèse de l'absence d'oxygène dans l'atmosphère. Un de ces arguments est le fait que l'on observe souvent des roches contenant d'abondants débris de minéraux qui n'auraient pas dû subsister longtemps à la surface de la Terre s'il y avait eu présence de dioxygène, car ils auraient alors été transformés par oxydation. C'est le cas de dépôts d'uranites (UO_2 ; torbernite), variété réduite de l'uranium avant – 2,5 Ga. Dans une atmosphère dépourvue de dioxygène, l'uranite, insoluble, a pu être transportée et déposée sous forme de roches sédimentaires détritiques. À partir de – 2 Ga, elle n'est plus stable en surface et s'oxyde en UO_3, soluble. Ce changement atteste de la présence de dioxygène dans l'atmosphère. L'apparition de dioxygène est aussi accréditée par l'existence d'abondants dépôts de minerais de fer rubanés formés d'une alternance de lamines millimétriques d'hématite, Fe_2O_3, et de quartzite. Avant – 2 Ga, le fer mis en solution à l'état ferreux, Fe^{2+}, est lessivé en grande quantité à la surface des continents et transporté par les eaux dans les bassins marins peu profonds. Il y est alors oxydé et précipité à l'état ferrique par le dioxygène produit par la biomasse photosynthétique marine.

- À partir de – 2 Ga, on observe des couches rouges continentales riches en hématite où le fer est à l'état ferrique, Fe^{3+}, du fait de la richesse en dioxygène de l'atmosphère à cette époque.

- Le développement des organismes photosynthétiques a eu comme effet une augmentation de la concentration de l'atmosphère en dioxygène aux dépens de son dioxyde de carbone, dont la concentration s'est ainsi corrélativement abaissée, avec enfouissement de carbone organique.

- Actuellement, une grande part du dioxyde de carbone terrestre est stockée sous forme de carbonates, essentiellement dans les roches calcaires, mais aussi dans les squelettes (Vertébrés, Cnidaires et Bryozoaires), dans les coquilles (Mollusques, Brachiopodes) et les tests (Foraminifères) des organismes de la biomasse. La présence des premiers sédiments carbonatés vers – 2 Ga, puis des premiers organismes à coquille vers – 0,6 Ga, atteste de la diminution progressive du CO_2 atmosphérique.

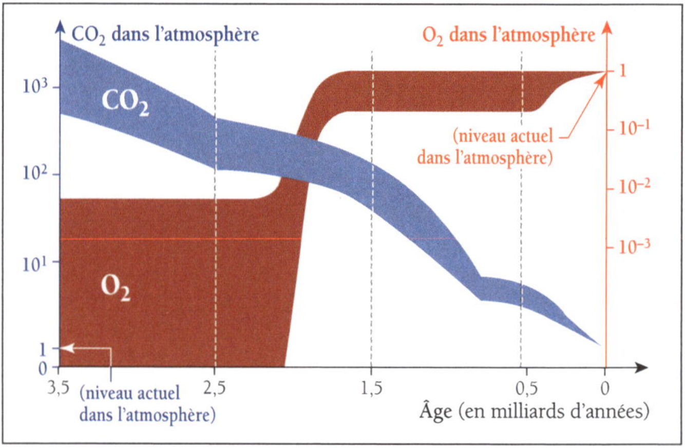

Variations de la teneur en O_2 et CO_2 de l'atmosphère terrestre entre –3,5 Ga et aujourd'hui.

À retenir !

- Les êtres vivants photosynthétiques ont modifié l'atmosphère primitive.
- Ils ont libéré du dioxygène d'abord dans l'océan puis dans l'atmosphère, et ont prélevé du dioxyde de carbone.

Les variations climatiques aux grandes échelles de temps

Nous ne disposons pas de données directes de la composition de l'atmosphère terrestre avant – 800 000 ans. La reconstitution des paléoclimats requiert l'utilisation d'indicateurs. Quels sont les indicateurs utilisés par les paléoclimatologues pour connaître les paléoclimats à l'échelle du milliard d'années ?

1 Des indicateurs de paléolatitudes

A. Le modelé glaciaire fossilisé

■ L'empreinte que les glaciers laissent sur le relief se manifeste par des traces marquées à différentes échelles : stries glaciaires, moraines, forme des vallées. Les stries glaciaires, visibles sur les roches, sont les traces les plus apparentes et les plus durables de la présence ancienne de glaciers. Elles sont orientées dans la direction où s'écoulait la glace. Cela permet de reconstituer le mouvement du glacier lorsque seules ces traces subsistent sur une surface ancienne. Lorsque des glaciers ont occupé suffisamment longtemps une vallée, leur mode d'érosion donne à ces vallées, en coupe transversale, un profil en U bien différent de celui donné par les rivières qui est dit en V. Les moraines sont formées d'accumulations de rochers, de cailloux et de sables entraînés par la glace. Ce matériel sédimentaire caractéristique, appelé tillite en stratigraphie, est facilement identifiable.

Exemple-clé
En Ontario, au Canada, on observe des stries glaciaires datant de plus de deux milliards d'années.

B. Les évaporites

■ Sous le nom d'évaporites, on désigne des dépôts qui résultent de l'évaporation d'eaux chargées en sels dissous. Lors de cette évaporation, ces minéraux se déposent dans un certain ordre. Ces séries évaporitiques sont connues, par exemple, dans le Tertiaire du bassin de Paris (gypse de Montmartre). On constate qu'aujourd'hui les évaporites ne se déposent qu'entre les deux 45e parallèles. De plus, elles sont le signe de conditions climatiques arides, qui permettent l'évaporation de grandes quantités d'eau.

C. Les formations récifales fossilisées

■ Les formations récifales se développent dans les eaux chaudes, dont la température ne descend pas en dessous de 20 °C. Actuellement, ces zones ne se trouvent pas au-delà de 30° de latitude. On a donc ainsi un moyen de localiser le paléoéquateur et, dans une certaine mesure, d'avoir une idée de la répartition des paléoclimats.

■ Les dépôts glaciaires, les évaporites et les formations récifales fossiles témoignent de paléolatitudes et constituent ainsi des indicateurs de paléotempératures.

2 Des indicateurs de la variation de la concentration de CO_2 atmosphérique

A. Processus géologiques faisant varier la concentration de CO_2 atmosphérique

■ L'altération* d'une chaîne de montagnes constituées de roches silicatées aura tendance à faire baisser la concentration atmosphérique de CO_2 ce qui n'est pas le cas pour les roches carbonatées. L'altération superficielle des silicates provient d'une réaction d'hydrolyse qui consomme du CO_2.

■ Le volcanisme des zones de subduction, des points chauds ou des dorsales océaniques, libère du CO_2.

B. Les processus biologiques modifiant la concentration de CO_2 atmosphérique

■ En revanche, une partie de la matière organique non dégradée par la respiration est exportée vers les océans. Cette matière organique mêlée à des sédiments peut, si les conditions sont réunies, échapper à la minéralisation. Elle aboutit à un stockage à long terme du carbone, par exemple, dans du charbon.

C. L'indice stomatique

■ L'apparition des plantes au Dévonien permet d'utiliser l'indice stomatique des feuilles végétales pour estimer les concentrations en dioxyde de carbone de l'atmosphère : plus il y a de CO_2 et moins les plantes comportent de stomates. C'est ainsi que l'on sait qu'au Carbonifère, la concentration en CO_2 était probablement aussi faible que de nos jours.

■ De nombreux indicateurs permettent d'évaluer la variation de la concentration en CO_2 atmosphérique et constituent ainsi des indicateurs de paléotempératures. Sur les grandes durées, les traces de variations climatiques importantes sont enregistrées dans les roches sédimentaires.

à retenir !

■ Divers indices permettent de retrouver les paléoclimats à grandes échelles de temps : indicateurs de paléolatitudes, indicateurs de variation de la teneur en CO_2...

Le rôle des enzymes dans la digestion

Les enzymes ont un rôle indispensable dans la digestion. Comment l'activité de l'enzyme contribue-t-elle à la digestion ?

1 La digestion, une simplification moléculaire

■ Lors de la digestion, l'eau, les sels minéraux, les monosaccharides, l'alcool et les vitamines sont absorbés sans modification. Les autres molécules présentes dans le bol alimentaire ne peuvent pas être absorbées directement dans l'intestin du fait de leur taille ou de leur caractère hydrophobe. L'appareil digestif est responsable de la réduction de la taille de ces molécules en unités plus petites directement absorbables, et de la conversion des molécules hydrophobes en complexes hydrophiles.

■ La digestion des aliments est réalisée par une hydrolyse qui utilise les enzymes digestives et des cofacteurs comme la bile ou l'acide chlorhydrique. Les enzymes digestives sont principalement des enzymes synthétisées par des cellules spécialisées de la bouche, de l'estomac, du pancréas ou de l'intestin grêle, qui sont libérées dans la lumière digestive pour hydrolyser des aliments à l'extérieur de la cellule.

2 Les enzymes, des biocatalyseurs

A. Accélération de la vitesse de réaction dans les conditions du vivant

■ L'organisme utilise le glucose, nutriment essentiel dans l'apport d'énergie. Une des sources de glucose de notre alimentation provient de l'hydrolyse de l'amidon. Expérimentalement, on essaie de reproduire cette réaction en utilisant de l'amidon seul : on réalise des tests à l'eau iodée pour mettre en évidence la présence d'amidon (coloration bleu-noir), et à l'aide de bandelettes-test pour révéler la présence de glucose. Ces tests ne montrent aucun changement : pas de disparition de l'amidon ni d'apparition de glucose. Il n'y a pas hydrolyse de l'amidon.

■ On ajoute alors de l'acide chlorhydrique dans le tube contenant de l'amidon. À température ambiante, l'amidon n'est pas hydrolysé. En revanche, à 100 °C, on observe au bout de 40 minutes la formation de maltose, disaccharide formé de deux molécules de glucose. L'acide chlorhydrique a donc permis d'accélérer la réaction chimique, c'est un catalyseur chimique. Dans un organisme, une température similaire n'est pas envisageable.

L'enzyme qui catalyse l'hydrolyse de l'amidon est l'amylase, contenue dans notre salive. Si l'on mélange de l'amidon avec de l'amylase salivaire, on observe la présence de glucose au bout de 15 minutes, à 37 °C. Les enzymes accélèrent la vitesse de la réaction dans les conditions du vivant.

■ Si à la suite de la catalyse étudiée précédemment, on ajoute indéfiniment de l'amidon à notre tube, il sera hydrolysé en glucose. Le catalyseur n'est pas un réactif et n'est donc pas consommé lors de la réaction. Les enzymes sont des biocatalyseurs protéiques.

B. Action à faible concentration

■ Les enzymes se retrouvant intactes en fin de réaction, peuvent resservir à une nouvelle catalyse, ce qui leur permet d'agir à faible concentration.

C. Les conditions physico-chimiques

■ On constate que chaque enzyme possède un pH optimal. L'amylase nécessite un pH neutre de 7, mais d'autres enzymes comme la pepsine qui hydrolyse les protéines, est active à un pH acide de 2, ou la saccharase, qui hydrolyse le saccharose, est active à un pH basique de 9. Un changement de pH modifie les charges ioniques portées par les acides aminés, ce qui provoque une modification de l'activité de l'enzyme car la structure spatiale de la molécule est changée.

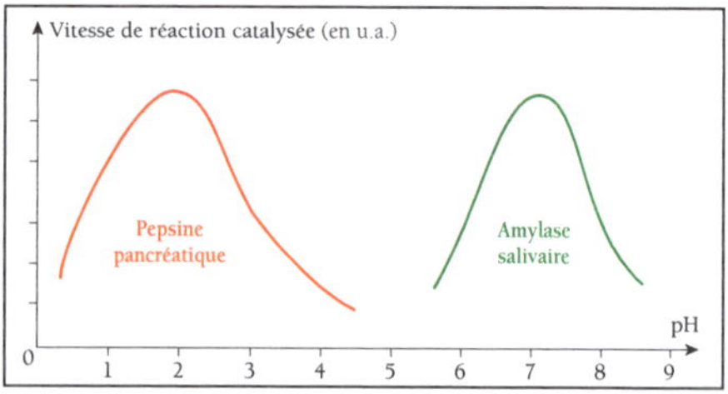

Activité enzymatique lors de la digestion en fonction du pH.

■ Chaque enzyme possède une température optimale d'activité. Une température basse diminue l'agitation des molécules qui ont alors moins de probabilité de se rencontrer, rendant l'enzyme inactive. Si l'on remet l'enzyme à une température optimale, elle retrouve une activité catalytique normale. Si l'on place une enzyme à une température supérieure à 60 °C, elle perd définitivement son activité, car elle est dénaturée.

À retenir !

- Les enzymes sont des biocatalyseurs : elles agissent à faible concentration, sans être consommées dans la réaction qu'elles accélèrent.
- Elles présentent un pH optimum et une température optimale.

Les modalités d'action des enzymes

Les enzymes contribuent à la digestion en catalysant des réactions chimiques à partir d'un substrat. Comment s'établit la relation entre l'enzyme et son substrat ?

1 Le complexe enzyme substrat

■ L'étude de la cinétique de la réaction enzymatique à partir, soit de la vitesse de formation du produit, soit de la vitesse de transformation du substrat, permet de mesurer la vitesse de la catalyse en fonction de la concentration en substrat.

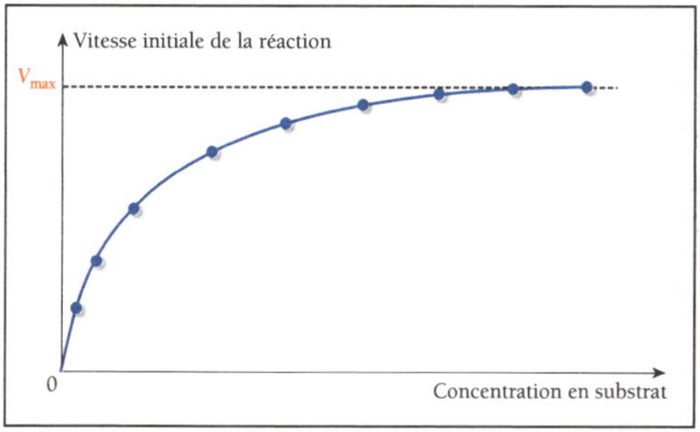

Vitesse de la réaction en fonction de la concentration en substrat pour une concentration donnée en enzyme.

■ La vitesse de la réaction augmente proportionnellement à la concentration en substrat : il y a formation d'un complexe enzyme-substrat. La vitesse atteint une valeur maximale. L'existence de cette vitesse maximale montre que toutes les enzymes présentes sont engagées dans le complexe, la réaction ne peut pas être plus rapide. Il est alors inutile d'ajouter du substrat, car toutes les enzymes sont saturées. À ce stade, pour augmenter la vitesse de réaction, il faut ajouter des enzymes. La quantité d'enzyme est donc le facteur limitant de la catalyse. Lorsque la réaction chimique a eu lieu, le complexe se dissocie, le produit est formé et l'enzyme est libérée, intacte (disponible pour une nouvelle réaction...).

2 La double spécificité de l'enzyme

■ Les enzymes agissent et transforment un seul type de molécule. Ainsi, la glucose oxydase catalyse l'oxydation du glucose, mais ne réagit pas avec d'autres substrats, même des isomères* comme le galactose. Les enzymes présentent une spécificité de substrat.

■ Une saccharase va hydrolyser du saccharose uniquement, en donnant un glucose et un fructose, tandis que la glucose phosphatase ne pourra que supprimer un groupement phosphate du glucose. Chaque enzyme catalyse un seul type de réaction. Les enzymes présentent une spécificité d'action.

3 La configuration spatiale de l'enzyme

Notion-clé
Le site actif est constitué d'acides aminés, certains permettent la liaison avec le substrat, d'autres sont catalytiques.

■ L'étude de la structure tridimensionnelle des enzymes a montré qu'il existait une zone spécifique appelée « site actif ». Le site actif comprend quelques acides aminés particuliers formant une forme 3D complémentaire au substrat. Ces acides aminés constituent le site de reconnaissance du substrat.

■ Le site actif contient également des acides aminés essentiels pour la réaction enzymatique elle-même. Ces acides aminés constituent le site catalytique. Ils sont à l'origine de la spécificité de réaction de l'enzyme.

■ La fonction d'une enzyme est donc déterminée par sa structure tridimensionnelle.

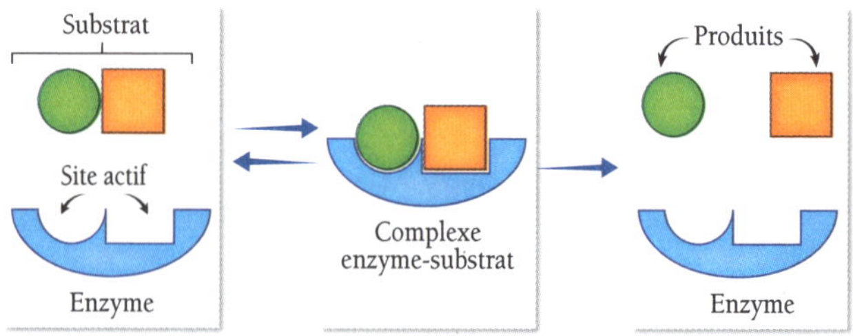

$$S + E \underset{k_{-1}}{\overset{k_1}{\rightleftharpoons}} ES \xrightarrow{k_2} E + P$$

Complexe enzyme-substrat (ES) et site actif.

À retenir !

■ L'enzyme se lie à son substrat par son site actif formant le complexe enzyme-substrat.

■ Cette liaison permet la catalyse, ce qui libère le (ou les) produit(s).

Ens. de spécialité

L'origine du maintien de la glycémie dans l'organisme

Fiche 67

La stabilité de la glycémie suppose une gestion des réserves de l'organisme : il doit comporter un ou des organes capables de libérer du glucose dans le sang, ainsi qu'un ou des organes susceptibles de stocker du glucose. Quels sont les organes responsables du maintien de la glycémie ? Quels en sont les mécanismes ?

1 Les organes responsables du maintien de la glycémie

A. Le foie, seul organe capable de libérer du glucose dans le sang

■ L'ablation du foie chez un animal provoque une hypoglycémie rapide et inévitable, suivi de sa mort. Le rôle du foie a été précisé par Claude Bernard, un physiologiste français du XXe siècle, à l'aide notamment de l'expérience dite « du foie lavé ».

■ Cette expérience montre que le foie est capable de libérer du glucose. Il est le seul organe capable de restituer du glucose au sang. Lors d'un jeûne prolongé, la glycémie peut être maintenue très longtemps à une valeur proche de la normale. Toutefois, la possibilité de libérer du glucose par le foie est limitée.

Notion-clé

Le foie est l'organe effecteur principal de la régulation de la glycémie. Il peut stocker ou déstocker le glucose.

B. Le stockage du glucose dans l'organisme

■ L'administration de glucose radioactif permet de suivre le devenir de la molécule dans l'organisme. Une partie du glucose sanguin d'origine digestive pénètre directement dans les cellules où il est consommé comme source d'énergie.

■ Le reste du glucose ingéré est stocké sous forme d'un polymère du glucose, le glycogène, dans les cellules du foie. Les possibilités de stockage hépatique sont toutefois limitées. Les muscles ont un rôle important dans le stockage du glucose ingéré lors d'un repas. Ils stockent également le glucose sous forme de glycogène. Si la glycémie reste importante malgré le stockage du glucose par le foie et les muscles, les cellules hépatiques sont capables de synthétiser des triglycérides à partir du glucose. Ces triglycérides sont immobilisés dans le tissu adipeux lorsque leur quantité est importante.

■ Les cellules de ces tissus disposent des enzymes permettant cette mise en réserve. En revanche, seul le foie possède les enzymes nécessaires à la libération de glucose dans le sang à partir du glycogène.

2 Le métabolisme du glycogène dans les cellules hépatiques

A. Le stockage du glucose sous forme de glycogène

- Lorsque la glycémie augmente fortement, le glucose a tendance à pénétrer en grande quantité à l'intérieur des cellules. Dans les cellules hépatiques, cette augmentation provoque la mise en activité d'une enzyme, la glucokinase, qui transforme le glucose en glucose-phosphate. C'est la première des étapes d'un processus qui aboutit à la polymérisation du glucose sous forme de glycogène. La glycogène synthétase est l'une des enzymes participant à la glycogénogenèse.

B. La dégradation du glycogène et la libération du glucose

- Lorsque la quantité de glucose disponible diminue dans le sang, les enzymes de la glycogénolyse entrent en activité dans les cellules hépatiques, entraînant la dépolymérisation du glycogène en glucose-phosphate. Grâce à l'action de la glucose phosphatase, le glucose perd son groupement phosphate. Il peut alors être libéré dans la circulation sanguine et mis à disposition des cellules de l'organisme comme molécule énergétique. Les voies de synthèse et de dégradation du glycogène sont distinctes.

Mot-clé
Le **glycogène**, polymère de glucose, est une forme de stockage du glucose.

- En cas de jeûne prolongé, le foie est capable de produire du glucose à partir d'autres molécules comme des acides gras ou des acides aminés.

- L'ensemble de ces mécanismes tend à s'opposer à une variation de la glycémie.

à retenir !

- La glycémie est régulée par le stockage et le déstockage du glucose sous forme de glycogène dans les cellules hépatiques.
- Les muscles et le tissu adipeux peuvent stocker le glucose.

Le rôle du pancréas dans la régulation de la glycémie

Le foie, les muscles ou les adipocytes sont capables de stocker du glucose. Seul le foie est capable d'en libérer dans le sang. La stabilité de la glycémie nécessite une gestion à l'échelle de l'organisme. Comment sont régulés la libération et le stockage du glucose dans l'organisme ?

1 Le rôle du pancréas dans la régulation de la glycémie

- En 1889, J. Mering et O. Minkowski mettent en évidence que l'ablation totale du pancréas entraîne chez l'animal à jeun une hyperglycémie notable. Pourtant, le pancréas ne stocke, ni ne libère de glucose.

- En 1922, F. Banting et C. Best réussissent à préparer des extraits de pancréas qui, injectés à un chien pancréatectomisé, font baisser notablement la glycémie. Cette expérience a permis de démontrer que le pancréas agit sur la glycémie par l'intermédiaire de messagers chimiques.

2 La double structure et le double fonctionnement du pancréas

- L'étude microscopique de la structure du pancréas révèle l'existence de deux ensembles cellulaires distincts. L'essentiel de sa masse est constitué par les cellules sécrétrices du suc digestif. Le reste est constitué d'amas cellulaires dispersés : les îlots de Langerhans.

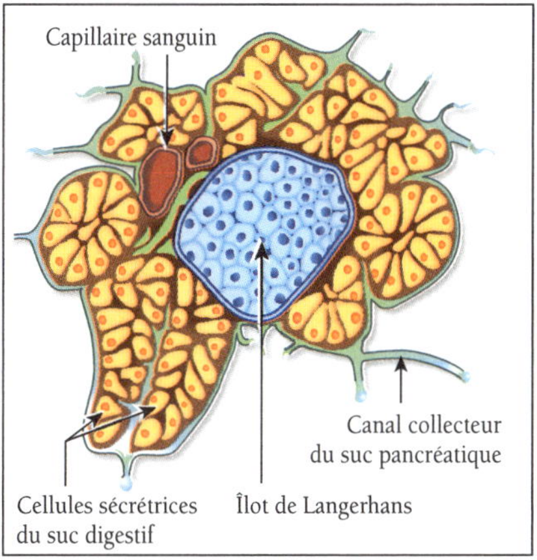

La structure du pancréas.

- L'observation précise de ces îlots révèle l'existence de deux sous-populations cellulaires : les cellules α, à la périphérie des îlots, et les cellules β, au centre. Les cellules α et β sont des capteurs de la glycémie : en fonction des variations de ce paramètre, elles émettent des hormones.

3 Le contrôle hormonal de la glycémie

A. Les cellules β

■ Les cellules β sont spécialisées dans la production d'insuline : c'est une petite protéine formée de 51 acides aminés. Sa libération dans le sang est stimulée par une hausse de la glycémie. L'augmentation de la teneur sanguine de cette hormone déclenche une baisse de la glycémie : on dit qu'elle est hypoglycémiante. Au niveau du foie, l'insuline stimule la synthèse du glycogène et freine la production de glucose en inhibant l'hydrolyse du glycogène. Au niveau des muscles, l'insuline stimule la dégradation du glucose par la respiration cellulaire et la synthèse de glycogène. Au niveau des cellules adipeuses, l'insuline inhibe l'hydrolyse des graisses.

Notion-clé

L'insuline favorise la pénétration du glucose dans les cellules d'une part, et sa dégradation d'autre part.

B. Les cellules α

■ Les cellules α produisent une autre hormone, le glucagon : c'est une protéine formée de 29 acides aminés. Sa sécrétion est déclenchée par une baisse de la glycémie. À l'inverse de l'insuline, cette hormone a un effet hyperglycémiant. Le glucagon agit au niveau du foie où ses effets sont inverses à ceux de l'insuline : il stimule l'hydrolyse du glycogène, ce qui accroît la libération du glucose vers le sang.

C. Variation de la glycémie et taux plasmatique des hormones pancréatiques

■ Une hyperglycémie déclenche une hausse de l'insulinémie associée à une baisse du taux de glucagon. Il s'ensuit une augmentation du prélèvement de glucose sanguin par de nombreuses cellules, ce qui assure le retour de la glycémie à la valeur de consigne.

■ À l'inverse, en période de jeûne, la baisse de l'insulinémie associée à une hausse du taux de glucagon mobilise les réserves de glycogène hépatique et empêche une hypoglycémie dangereuse.

À retenir !

- Les îlots de Langerhans pancréatiques détectent les variations de la glycémie.
- En réponse, ils modulent la production de deux hormones : l'insuline, hypoglycémiante et le glucagon, hyperglycémiant.

La régulation de la glycémie, exemple de mécanisme autorégulé

Le pancréas libère deux hormones, l'insuline et le glucagon, qui sont à l'origine du maintien de la glycémie. Comment les hormones agissent-elles sur les cellules stockant ou libérant du glucose ? Comment peut-on caractériser un système de régulation ?

1 Mode d'action de l'insuline et du glucagon sur leurs cellules cibles

■ L'insuline et le glucagon sont véhiculés par le sang et atteignent ainsi toutes les cellules de l'organisme. Pourtant, seules certaines cellules répondent à ces deux hormones en modifiant leur métabolisme. On qualifie ces cellules de « cellules cibles ». La capacité de répondre dépend de la présence de récepteurs. La liaison entre l'hormone (insuline ou glucagon) et son récepteur, situé dans la membrane plasmique des cellules hépatiques ou de toute autre cellule cible, entraîne l'activation des enzymes qui vont catalyser, selon le cas, la synthèse ou la dégradation du glycogène. Une hormone ayant une forme tridimensionnelle précise, le récepteur doit avoir lui aussi une forme tridimensionnelle précise et complémentaire de celle de l'hormone. Cela rend le récepteur spécifique d'une hormone donnée.

■ L'effet de l'insuline ou du glucagon est d'autant plus important que la concentration plasmatique en hormone est élevée. Cette concentration constitue un codage du message hormonal. Ainsi, la concentration de l'insuline croît en fonction de l'augmentation de la glycémie et la concentration de glucagon augmente avec la baisse de la glycémie.

■ Le contrôle de la glycémie suppose donc un équilibre entre les deux hormones pancréatiques assurant le maintien de la glycémie autour d'une valeur de consigne.

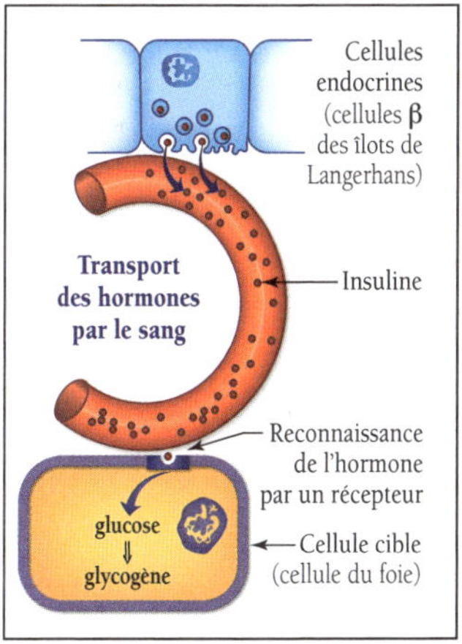

Contrôle de l'hyperglycémie par l'insuline.

2 L'homéostat glycémique

■ Dans l'organisme, outre la glycémie, de nombreux paramètres physiologiques sont contrôlés en permanence : leurs valeurs respectives varient légèrement autour d'une valeur de consigne. Si un paramètre physiologique contrôlé s'éloigne de sa valeur de consigne, alors une réaction d'un système réglant déclenche une correction afin de ramener cette valeur vers la valeur de consigne. Cette stabilité est obtenue grâce à l'intervention de mécanismes complexes et réglés automatiques.

■ Dans le cas de la glycémie, la valeur de consigne est d'environ 0,9 à 1 $g.L^{-1}$ de glucose. Le système réglant comporte, d'une part, des capteurs enregistrant les écarts de la glycémie par rapport à la valeur de consigne et, d'autre part, l'ensemble des effecteurs qui sont amenés à réagir pour corriger ces écarts. Ce sont les cellules α et β des îlots de Langerhans qui jouent le double rôle de détecteurs et de système de commande de la régulation en adaptant leur sécrétion hormonale à la situation. Les organes effecteurs, sensibles aux hormones pancréatiques, réagissent aux messages hormonaux codés par les concentrations hormonales plasmatiques en stockant ou en libérant du glucose selon le cas.

■ Ainsi, tout écart est rapidement ramené à la valeur de consigne : la glycémie est maintenue constante.

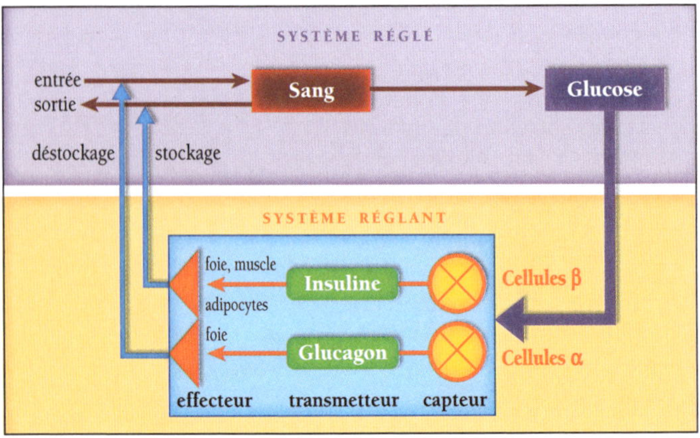

Schéma du système régulant la glycémie.

À retenir !

- Glucagon et insuline n'agissent que sur des cellules cibles possédant des récepteurs spécifiques.
- La glycémie est un paramètre réglé par un système réglant (capteur, transmetteur et effecteur).

Ens. de spécialité

Les conséquences d'une mauvaise régulation de la glycémie

Fiche 70

La régulation de la glycémie est un mécanisme complexe nécessitant l'intervention et la coordination de nombreuses cellules. Elle est indispensable à un apport régulier de glucose aux cellules de l'organisme. Quelles sont les conséquences d'une mauvaise régulation de la glycémie ?

1 Le diabète insulinodépendant ou diabète de type 1

A. Quelques chiffres

■ Le diabète de type 1 représente environ 15 % des cas de diabète. Il peut se révéler à tout âge, mais deux périodes sont particulièrement touchées : l'enfant de 5-6 ans et celui de 10-11 ans, d'où le qualificatif donné à ce type de diabète : le diabète juvénile. Il y aurait 150 000 diabétiques en France, dont 4 000 enfants de moins de 15 ans.

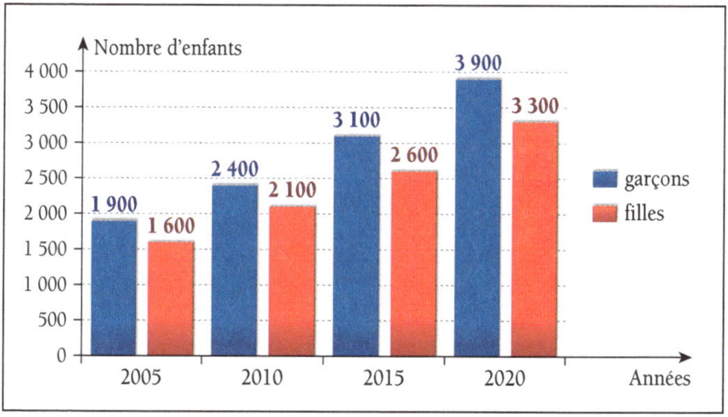

Évolution du nombre de cas de diabète de type 1 chez les Européens âgés de moins de 4 ans et prévisions.

B. Les mécanismes à l'origine du diabète de type 1

■ Le diabète se caractérise par une hyperglycémie chronique. Dans le diabète de type 1, l'hyperglycémie provient de l'absence de sécrétion d'insuline par l'organisme suite à la disparition des cellules β des îlots de Langerhans. On retrouve souvent des anticorps anti-îlots de Langerhans, anticorps qui attaquent et détruisent les cellules β du pancréas fabriquant l'insuline. La réaction auto-immune est déclenchée par des facteurs environnementaux encore mal connus. Cette phase peut durer plusieurs années.

La sécrétion d'insuline s'altère progressivement. Le diabète de type 1 se déclenche subitement à la faveur d'un facteur extérieur ou lorsque le nombre de cellules ⊠ fonctionnelles devient très faible.

2 Le diabète non insulinodépendant ou diabète de type 2

A. Quelques chiffres

Le diabète de type 2 est une maladie très fréquente qui touche plus d'un million et demi de personnes en France et ne cesse d'augmenter. Elle représente environ 85 % des cas de diabète et concerne autant d'hommes que de femmes. Le diagnostic du diabète de type 2 se fait généralement vers 40-50 ans chez des personnes obèses, d'où le qualificatif de ce type de diabète : le diabète gras ou de la maturité.

B. Les mécanismes à l'origine du diabète de type 2

Dans le diabète de type 2, l'hyperglycémie provient d'un manque d'efficacité de l'insuline sur ses cellules cibles (foie, muscle, etc.). Pour maintenir une glycémie stable, l'organisme secrète donc de plus en plus d'insuline. À terme, même de grandes quantités d'insuline ne suffisent plus à faire stocker le glucose malgré un signal fort pour le faire. Finalement, le pancréas se fatigue de cette stimulation permanente et peut alors ne plus fabriquer suffisamment d'insuline.

> **Notion-clé**
> Le diabète 1 et le diabète 2 sont les plus prévalents dans la population.
> Mais il existe d'autres diabètes comme celui dit « de grossesse ».

3 Les conséquences physiologiques du phénotype diabétique

- L'hyperglycémie chronique est le plus souvent asymptomatique, c'est-à-dire non ressentie. La caractéristique principale du diabète est d'avoir des conséquences néfastes à long terme en particulier sur certains organes. L'atteinte de la rétine de l'œil entraîne une cécité si elle n'est pas prise en charge. L'atteinte des nerfs provoque des troubles de la digestion, une diminution de la sensibilité avec à la clé des plaies non détectées et qui s'infectent. Les atteintes au niveau des reins provoqueront des insuffisances rénales à l'origine du décès de nombreux diabétiques.

À retenir !

- Le diabète 1 est dû à une absence de production d'insuline due à une réaction auto-immune contre les cellules β.
- Le diabète 2 est la conséquence d'une insensibilité à l'insuline.

Facteurs génétiques et phénotype diabétique

Le phénotype diabétique est la conséquence de dérèglements pathologiques du système de régulation glycémique qui entraînent une hyperglycémie chronique. Quels sont les facteurs déclencheurs du phénotype diabétique ?

1 Étude de l'origine génétique des diabètes

■ Des études épidémiologiques ont été menées chez 200 paires de jumeaux monozygotes dans lesquelles l'un au moins des sujets était diabétique. La concordance correspond au cas où l'autre jumeau est également devenu diabétique, la discordance est le cas contraire.

Type de diabète	Nombre de paires de jumeaux		
	Concordance	Discordance	Total
Diabète de type 1	67	80	147
Diabète de type 2	48	5	53
Total	128	72	200

Épidémiologie des diabètes de type 1 et 2.

■ L'étude des données permet d'observer que chez les vrais jumeaux, si l'un est atteint de diabète de type 1, le risque d'être atteint pour l'autre est de 40 à 50 %. Dans le cas du diabète de type 2, le risque d'être atteint pour le second est de 90 %.

■ Cette étude prouve l'intervention du génotype dans le développement du diabète des deux types. L'intervention du génotype est plus directe dans le type 2 que dans le type 1.

■ La presque totalité des diabètes de type 2 et tous ceux de type 1 sont des diabètes polygéniques : ce sont des associations entre plusieurs allèles qui sont responsables de la maladie. Dans la plupart des cas, il ne suffit pas de posséder la combinaison génique pour développer la maladie : il faut y adjoindre l'effet d'un ou plusieurs facteurs de l'environnement qui auront le rôle de facteur déclenchant.

2 Étude d'une population particulièrement touchée par le diabète

■ Plusieurs tribus dont celle des Indiens Pimas dans le désert de l'Arizona, ont une des fréquences les plus élevées au monde de diabète de type 2 (supérieure à 60 % pour les personnes de plus de 50 ans). En quelques décennies, les Indiens Pimas sont passés d'un mode de vie ancestral à l'univers américain du fast-food, de la télévision et du chômage. Différentes investigations ont été réalisées sur 200 sujets pour déterminer l'origine de cette fréquence anormalement élevée de diabétiques dans la population. Parmi ces 200 sujets, 138 sont devenus diabétiques. Sur les différents paramètres mesurés, il apparaît clairement que le diabète de type 2 résulte de l'association d'un déficit de sécrétion et d'action de l'insuline. Ces deux déficits sont en partie génétiquement déterminés, mais des facteurs environnementaux interviennent.

■ Les Indiens Pimas d'Arizona et ceux du Mexique sont génétiquement très proches. Les premiers sont sédentaires, et le nombre d'obèses et de diabétiques y est très important. Les seconds sont restés très actifs, le nombre d'obèses et de diabétiques dans la population est très faible. Les deux principaux facteurs environnementaux qui favorisent le diabète chez les sujets génétiquement prédisposés sont la surcharge pondérale et la sédentarité.

3 Traitement des diabètes et médecine prédictive

■ L'injection d'insuline permet de réduire les conséquences du diabète de type 1. Ces injections sont loin d'être simples à gérer au quotidien. Tout ce qui tend à réduire le déficit de l'action de l'insuline apparaît bénéfique pour prévenir le diabète de type 2. Le maintien d'un poids normal et l'exercice physique sont deux paramètres essentiels dans cette stratégie.

Notion-clé

Pour les deux types de diabète, les traitements restent pour l'heure symptomatiques et ne permettent pas de prévenir la maladie.

■ Des chercheurs ont découvert plusieurs molécules qui préviennent ou stoppent l'évolution d'un diabète de type 1 sur des souris prédisposées à la maladie. Réalisées sur un petit échantillon, ces expériences devront être reproduites à une plus grande échelle avant d'envisager une commercialisation.

À retenir !

- Les diabètes sont des maladies plurifactorielles d'origine génétique et environnementale.
- Le diabète 1 est corrigé par des injections d'insuline.
- Modifier le mode de vie permet de prévenir le diabète 2.

Lexique

A

Accrétion continentale : accroissement du domaine continental par ajout de roches diverses en bordure.

Adjuvant : substance non antigénique qui renforce la réponse immunitaire dans le cadre d'un vaccin.

Aire motrice : zone du cerveau où sont localisés les corps cellulaires des neurones moteurs.

Altération : processus de modification des caractéristiques chimiques et physiques des roches.

Amplification : en immunologie, désigne la multiplication cellulaire qui fait suite à la sélection de certains clones de lymphocytes.

Axone : long prolongement cellulaire d'un neurone conduisant les messages nerveux du corps cellulaire vers d'autres neurones.

B

Brassage génétique : processus conduisant à une recombinaison des allèles des gènes au sein des générations.

C

Caryotype : ensemble des chromosomes d'une cellule classés par paires, en fonction de leur taille et de leur forme.

Cassant : propriété d'un matériau qui se rompt sans déformation ou après une très faible déformation.

Cellule présentatrice de l'antigène : cellule apte à exposer en surface de sa membrane des fragments peptidiques antigéniques.

Centre nerveux : lieu où les messages nerveux sont traités pour élaborer une réponse. La moelle épinière et l'encéphale sont les deux centres nerveux.

Convection : mouvement vertical d'une masse fluide résultant d'une instabilité de densité, en général d'origine thermique.

Corps cellulaire : zone contenant le noyau d'un neurone.

Cortex : partie superficielle du cerveau où sont localisés les corps cellulaires des neurones.

D

Dendrite : prolongement cellulaire d'un neurone conduisant les messages nerveux d'autres neurones vers le corps cellulaire du neurone.

Différenciation clonale : en immunologie, désigne les modifications cellulaires que subissent certains clones de lymphocytes après sélection ; cette différenciation conduit à la formation de cellules effectrices de l'immunité.

Diplonte : organisme diploïde.

Ductile : propriété d'un matériau de se déformer facilement ; elle est caractérisée par une limite élastique faible et des allongements importants avant rupture.

E

Érosion : ensemble des processus conduisant après altération à l'export des matériaux.

Étamine : pièce florale produisant le pollen.

Exocytose : mécanisme par lequel un neurone libère des molécules par éclatement de vésicules qui fusionnent avec la membrane plasmique, et dont le contenu sort dans le milieu extracellulaire.

F

Faille : cassure de terrain avec déplacement relatif des parties séparées.

Fécondation : processus d'union de deux cellules haploïdes conduisant à la formation d'une cellule diploïde.

Flux géothermique : énergie thermique libérée à la surface de la croûte par unité de temps.

Fruit : provient de la transformation de la fleur après pollinisation.

Fusion partielle : processus de fusion des péridotites qui n'est jamais total.

G

Gamètes : cellules reproductrices mâles ou femelles.

Gradient géothermique : variation de la température dans la Terre par unité de longueur suivant la verticale.

Graine : provient de la transformation de l'ovule après fécondation dans la fleur.

Granulocyte : ensemble des globules blancs du sang contenant des granules dans le cytoplasme ; appelés aussi « polynucléaires ».

H

Hybride : qui résulte d'un croisement entre deux variétés d'une même espèce.

I

Isostasie : état d'équilibre des roches de la croûte terrestre au-dessus du manteau sous-jacent.

L

Lymphocytes B : population de lymphocytes pouvant se différencier en plasmocytes producteurs d'anticorps.

Lymphocytes T : auxiliaires appelés lymphocytes T Helper spécialisés dans la production d'interleukine ; ils proviennent de la différenciation des lymphocytes T CD4.

Lymphocyte T CD4 : lymphocytes pouvant se différencier en lymphocytes T auxiliaires après sélection clonale.

Lymphocyte T CD8 : lymphocytes pouvant se différencier en lymphocytes T cytotoxiques après sélection clonale.

Lymphocyte T cytotoxiques : population de lymphocytes acteurs de l'immunité adaptative conduisant à la destruction de cellules après contact par lyse.

M

Macrophage : population de leucocytes spécialisés dans la phagocytose.

Marge passive : région immergée de la bordure d'un continent faisant le raccord avec la croûte océanique.

Mastocytes : population de leucocytes souvent impliqués dans les processus allergiques.

Méiose : processus comprenant deux divisions et conduisant à la réduction du nombre de chromosomes dans les cellules.

Mémoire immunitaire : ensemble de lymphocytes à longue durée de vie conservant la mémoire d'un premier contact avec un antigène et permettant une réponse plus rapide et plus ample lors d'un deuxième contact.

Métamorphisme : transformation minéralogique des roches à l'état solide suite à des variations de pression et température.

Monocytes : globules blancs se différenciant en macrophages.

N

Nappe (de charriage) : ensemble de terrains qui a été déplacé et est venu recouvrir un autre ensemble dont il était très éloigné à l'origine.

Neurone moteur (syn. motoneurone) : neurone transportant des messages nerveux moteurs.

Neurone sensoriel : neurone transportant des messages nerveux sensoriels.

Neurotransmetteur (syn. neuromédiateur) : molécule libérée par le neurone pré-synaptique, se fixant sur un récepteur post-synaptique permettant ainsi le transfert du message nerveux d'un neurone à l'autre au niveau d'une synapse.

O

Ophiolite : portions de la croûte océanique d'anciens océans qui auraient été charriées sur de la croûte continentale lors de collisions entre deux continents.

Organe lymphoïde : ensemble des organes impliqués dans la maturation des cellules immunitaires ainsi que dans leur activation.

P

Phagocytose : processus de destruction inné d'éléments étrangers à l'organisme par des cellules phagocytaires (macrophages…).

Pistil : pièce florale issue de la fusion des carpelles et produisant les ovules.

Plasmocyte : acteur de l'immunité adaptative provenant de lymphocytes B et producteur d'anticorps.

Plasticité cérébrale : capacité du cerveau à modifier les interconnexions entre les neurones lui permettant de s'adapter en permanence.

Pli : déformation résultant de la flexion ou de la torsion de roches.

Pollen : élément fécondant des fleurs et producteur des noyaux mâles.

Pollinisation : transport et dépôt des grains de pollen sur le pistil.

Polyploïdisation : multiplication du nombre de chromosomes dans un organisme.

Potentiels d'action : dépolarisation transitoire, locale, brève et stéréotypée de la membrane plasmique des neurones, selon une loi du tout ou rien.

Potentiel de repos : polarisation électrique de la membrane plasmique d'une cellule.

R

Radiochronologie : (I) datation utilisant certains éléments radioactifs ; (II) ensemble des méthodes de datation des minéraux ou des roches fondées sur l'étude de leurs éléments radioactifs et de leurs produits de désintégration.

Récepteur post-synaptique : protéine membranaire sur laquelle se fixe le neurotransmetteur, générant ainsi un potentiel post-synaptique.

S

Sédimentation : dépôt des matériaux après transport.

Séropositivité : état d'un individu présentant des anticorps spécifiques de tel ou tel antigène dans son plasma sanguin.

Spéciation : processus de création d'une nouvelle espèce.

Subduction : plongée d'une lithosphère océanique dans l'asthénosphère.

Synapse : zone de contact entre deux neurones.

T

Tissus conducteurs : ensemble de tissus végétaux spécialisés dans le transport de la sève (xylème et phloème).

V

Vaccin : acte médical conduisant à immuniser un sujet contre un agent pathogène.

Z

Zygote : terme scientifique pour désigner la cellule œuf.

Index

Les numéros renvoient aux pages.

S

V

Z

Achevé d'imprimer en Roumanie par G. Canale & C Bucarest
Dépôt légal : décembre 2017 - Collection n° 62 - Édition 01 - 27/2393/4